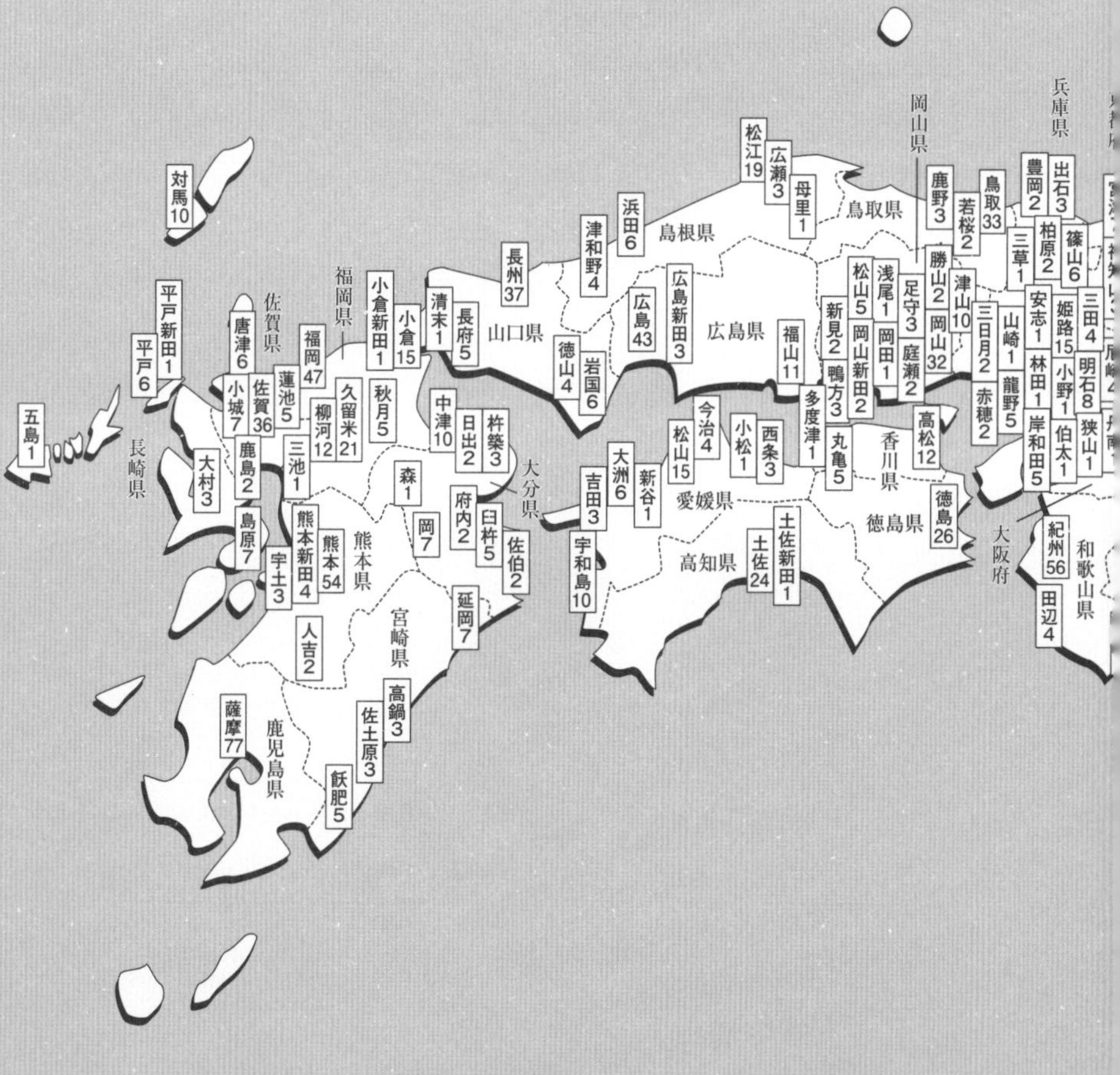

対馬10
五島1
平戸6
平戸新田1
長崎県
唐津6
佐賀県
小城7
佐賀36
蓮池5
福岡47
福岡県
小倉新田1
小倉15
清末1
長府5
長州37
山口県
津和野4
浜田6
島根県
松江19
広瀬3
母里1
鳥取県
岡山県
鹿野3
若桜2
鳥取33
兵庫県
豊岡2
出石3
三草1
柏原2
篠山6
大村3
鹿島2
三池1
柳河12
久留米21
秋月5
中津10
日出2
杵築3
大分県
森1
府内2
臼杵5
佐伯2
岡7
島原7
宇土3
熊本新田4
熊本54
熊本県
人吉2
宮崎県
延岡7
高鍋3
佐土原3
飫肥5
薩摩77
鹿児島県
徳山4
岩国6
広島43
広島新田3
広島県
福山11
新見2
松山5
浅尾1
足守3
勝山2
津山10
岡山新田2
岡田1
庭瀬2
岡山32
鴨方3
多度津1
丸亀5
香川県
高松12
今治4
松山15
小松1
西条3
大洲6
新谷1
吉田3
宇和島10
愛媛県
土佐新田1
土佐24
高知県
徳島県
徳島26
三日月2
山崎1
赤穂2
龍野5
安志1
林田1
姫路15
小野1
三田4
明石8
岸和田5
伯太1
狭山1
大阪府
紀州56
和歌山県
田辺4

シリーズ藩物語

村山和夫……著

高田藩

現代書館

プロローグ

上越市、その位置と環境

新潟県の西南に位置する上越市は、昭和四十六年(一九七一)、城下町高田市と日本海の港町直江津市との合併によって生まれた。そして平成十七年(二〇〇五)一月一日、周辺一三町村と合併して面積九七二・六二平方キロメートル、人口二一万二一七三人(二〇〇五年一月一日現在)の新しい上越市となった。この範囲は、高田藩榊原時代の榊原家の領知及び天領など関わりのあった地域に相当する。

高田平野に位置し、関川・保倉川が貫通し日本海に注ぎ、東に米《よね》山《やま》を望み、上杉謙信の居城春日山城を目前に控え、西は遥かに妙高・火打《ひうち》・焼山《やけやま》の連峰を仰ぐ。

ところで上越市の市名であるが、古来、越後は大国であり国を三分して米山から西を上越後《かみえちご》(上越《じょうえつ》地方)、長岡を中心とする中央部を中越後《なかえちご》(中越《ちゅうえつ》地方)、さらに新潟・新発田市以北を下越後《しもえちご》(下《か》

藩という公国

江戸時代、日本には千に近い独立公国があった

江戸時代。徳川将軍家の下に、全国に三百諸侯《しょこう》★の大名家があった。ほかに寺領や社領、知行所《ちぎょうしょ》★をもつ旗本領《はたもとりょう》などを加えると数え切れないほどの独立公国があった。そのうち諸侯を何々家家中《けかちゅう》と称していた。家中は主君を中心に家臣が忠誠を誓い、強い連帯感で結びついていた。家臣の下には足軽《あしがる》層《そう》★がおり、全体の軍事力の維持と領民の統制をしていたのである。その家中を藩と後世の史家は呼んだ。

江戸時代に何々藩と公称することはまれで、明治以降の使用が多い。それは近代からみた江戸時代の大名の領域や支配機構を総称する歴史用語として使われた。その独立公国たる藩にはそれぞれ個性的な藩風《はんぷう》と自立した政治・経済・文化があった。幕藩体制とは歴史学者伊東多三郎《いとうたさぶろう》★氏の視点だが、まさに将軍家の諸侯の統制と各藩の地方分権が巧く組み合わされていた、連邦でもない奇妙な封建的国家体制であった。

今日に生き続ける藩意識

明治維新から百三十年以上経っているのに、今

越《えつ》地方）と呼び習わし、上越市は上越後の代表都市としてこの名が生まれた。

上越地方は、新潟県において早く開けた所である。越後一ノ宮居多神社は出雲の大国主命を祭神とし出雲文化の伝来を示している。

奈良期、律令国家の整備が進むと越後の国府、国分寺がこの地に設置された。平安期、直江津は日本海の港町として地位を高め、鎌倉期の「廻船式目」には北陸七湊の一つとして今町（直江津）が登場する。なお、森鷗外の『山椒太夫』によって知られる所である。

戦国期、守護代長尾氏が春日山城を築いた。のちに、守護代長尾氏から上杉謙信に引き継がれ、春日山は越後の政治経済・文化の中心となった。上杉謙信の軍事力の強さは、米、金銀、青苧の生産による経済力に支えられていた。

江戸幕府が開かれると、徳川家康の六男忠輝が福島城に封ぜられた。慶長十九年、高田に移り高田城下が開かれた、高田城主は親藩、譜代大名が襲封した。江戸期前半百三十年は、大藩として入封したものの改易が重なり苦しんだ。江戸期後半百三十年は、榊原家が入封し、幕末まで在城し、明治二年、版籍奉還がなされ高田藩の幕を閉じる。

ここでは江戸期の高田藩の動きを見ていくことにする。

でも日本人に藩意識があるのはなぜだろうか。明治四年（一八七一）七月、明治新政府は廃藩《はいはん》置県《ちけん》★を断行した。県を置いて、支配機構を変革し、今までの藩意識を改めようとしたのである。ところが、今でも、「あの人は薩摩藩の出身だ」とか、「我らは会津藩の出身だ」と言う。それは侍出身だけでなく、藩領出身も指しており、藩意識が県民意識をうわまわっているところさえある。むしろ、今でも藩対抗の意識が地方の歴史文化を動かしている。そう考えると、江戸時代に育まれた藩民意識が現代人にどのような影響を与え続けているのかを考える必要があるだろう。それは地方に住む人々の運命共同体としての藩の理性が今でも生きている証拠ではないかと思う。

藩の理性は、藩風とか、藩是《はんぜ》とか、ひいては藩主の家風ともいうべき家訓などで表されていた。

（稲川明雄）

諸侯▼江戸時代の大名。

知行所▼江戸時代の旗本が知行として与えられた土地。

足軽層▼足軽・中間・小者など。

伊東多三郎▼近世藩政史研究家。東京大学史料編纂所所長。

廃藩置県▼藩体制を解体する明治政府の政治改革。廃藩により全国は三府三〇二県となった。同年末には統廃合により三府七二県となった。

シリーズ藩物語 高田藩

目次

第四章　教育文化を愛し義を重んず

学問を重んじ礼節を尊ぶ気風が長年培われ、時代を拓く人材が育った。

これも高田

第一章 高田藩の創設

家康の六男松平忠輝、高田城を築き城下を開き、高田藩の歴史が始まる。

① 高田藩創設期の様相

会津に移った上杉家にかわって美濃国の地侍の出で織豊政権に取り立てられた堀秀治が春日山城に入った。この時期、政治経済の進展に伴い山城から平城に移行しつつあった。堀氏も春日山城から福島城へ移った。秀治没後、徳川家康は内紛を理由に堀氏を移封し、幕藩体制の強化を図って六男松平忠輝を配した。

堀氏の入封

慶長三年（一五九八）正月、上杉景勝《かげかつ》は、秀吉の命により会津に移った。同年四月、越前北ノ庄（福井県）から堀秀治《ひではる》が春日山城主として入った。堀氏の治政は慶長十五年までの十二年間となる。

堀氏の先祖は美濃国の土豪地侍であり、織田・豊臣により取り立てられて大名となった。越後一国を支配するだけの大名になる過程で一族や服属の者を召し抱えて成長してきた。さらに越後移封に際して秀吉に取り立てられた大名が付属したためにさらに家臣団は複雑な構造を有するようになった。そのため秀治の越後での所領は、四十五万石ではあったが知行裁量権の及ぶ範囲は十万石余に止まっていた。

秀治は入封すると自らは春日山城に入り、外様の村上頼勝《むらかみよりかつ》を村上城、溝口秀勝《みぞぐちひでかつ》

堀家家紋　梅花の丸

を新発田城と、居城から離れた下越後に配した。ほか、一門等を越後の要所に置いて支配を固めた。春日山藩堀氏の家老堀監物直政《ほりけんもつなおまさ》は政治的手腕に優れ、秀吉に「陪臣にして直江山城《なおえやましろ》（兼続《かねつぐ》）、小早川左衛門佐《こばやかわさえもんのすけ》（隆景）、堀監物（直政）などに天下の仕置をするとも仕兼間敷者也《しかねまじきものなり》」と言わしめたという。

直政は、春日山城の修築をなし、「監物堀」にその名を残した。★

▼監物堀
城下の大豆から中屋敷にかけ、監物堀・監物土居が、およそ一二〇〇メートルにわたって構築され、現在その一部が残っている。

越後一揆とその響き

堀氏が越後に入国して出会った問題は、上杉氏が移封に際し、領主交替の時は半分を残すのが例とされていたのに家老直江兼続《なおえかねつぐ》の指示で年貢米すべてを会津に運び出したことである。

堀氏が越後へ転封されてから半年を経ない慶長三年（一五九八）八月、秀吉が死去した。直政は天下の趨勢から宗家の安泰を図るには徳川に味方するほかに途なし、と決して四男直重を人質として江戸へ送り、家康に忠誠を示した。このような動きの中、同五年四月、直江兼続は越後領内の上杉恩顧の遺臣、神官・僧侶らに密使を遣わして一揆を起こさせた。一揆は越後全域にわたったため「越後一揆」（上杉遺民一揆とも）と言われ堀氏を苦しめた。激戦を極めたのは魚沼地方であった。この一揆の鎮圧は、堀氏の越後統治の業績に止まらず、関ヶ原の合戦

土塁の柵列

において上杉勢を牽制することになり、間接的ではあったが東軍勝利の素因となった。

この一揆は、堀氏側の越後統治策にも原因があると考えられる。堀氏は藩財政強化のため検地（堀検地）を実施し青苧《あおそ》・楮・漆なども登録した。これらにより領民の負担が高まり、堀氏への反発となったのではないか。また、寺社の統制を強め、とりわけ世に「真言潰し」と呼ばれるほど真言宗を弾圧した。★そのため一揆の指導者には神官・僧侶が多かった。

▼『中頸城郡誌』において、吉川区内の浄土真宗寺院のうち、かつて真言宗であったり、何らかの関わりを持っていたものとして、明善寺（道之下）・忍西寺（泉）・満願寺（平等寺）・福正寺（原ノ町）・威徳寺（下小沢）・善長寺（代石）を挙げている。

越後福島城

堀秀治は、近世越後の開幕に多大な足跡を示したが、慶長十一年（一六〇六）五月、三一歳の若さで死去した。同年十一月十一日、嫡子吉五郎が遺領を継承した。この日、将軍秀忠から松平の称号を与えられ、忠俊《ただとし》と改め越後守と称した。忠俊の治績は福島築城とそれに伴う城下町の建設である。

堀氏の越後福島城の着工年代は定かではないが、秀治が入封すると春日山城の矢倉・堀などの普請を行い、慶長五年には福島の地に城を移す計画を立てたが、生前にはその完成を見ずに没した。忠俊の代になり急速に進み、同十二年に春日山城から移ったと言われている。

福島城は、応化の橋をへだてて府内の直江津と相対し、西は関川、東は保倉川（当時は北流し日本海に注ぐ）、北は日本海、南は現在の国道八号線に囲まれた一辺およそ二キロ余りの地域にまたがる広大な地であった。その内郭は方形で内堀、外堀と三重の土居をめぐらし高い防備力をもった城であったことなどが古図から窺える。

昭和の初めの頃までは内堀、土居などの一部が現存していたというが、昭和四十年代には、小学校・工場・住宅地に利用され城郭の原形を止めるものは少なくなってきた。

当時の直江津市教育委員会・同文化財調査委員会は、昭和四十二年度から四十四年度（一九六七〜六九）の三カ年にわたって緊急発掘調査を実施し、発掘調査の成果は、『福島城跡緊急発掘調査概報』で報告された。

堀氏の改易

慶長十二年（一六〇七）、堀忠俊は春日山城を廃して福島城へ移った。だが幼少であり、藩政の実権は執政堀直政《なおまさ》にあった。その直政は秀治のあとを追うように十三年二月、生涯を閉じた。

直政没後、その庶子★直寄《なおより》が跡目を巡って家康に愁訴した。十五年、家康は庶子

福島城址発掘調査の状況

▼庶子
正室でない女性から生まれた子。

直次《なおつぐ》（直清とも）と直寄とを対決させ、「忠俊幼弱にして内訌《ないこう》★を裁く能力なし」との理由で同年閏二月二日、堀忠俊を岩城（福島県）に流し、改易した。

豊臣秀吉取り立ての堀氏改易は、家康にとって予定の行動であったものと思われ事は迅速に運ばれた。

松平忠輝の出自

堀忠俊の改易の翌慶長十五年（一六一〇）閏二月三日、松平忠輝《ただてる》が遺領を継いだ。忠輝は、徳川家康の六男で兄の越前家に次ぐ格式をもっていた。母は茶阿局《ちゃあのつぼね》と言い、文禄元年（一五九二）浜松城に生まれた。辰年の生まれであることから幼名辰千代といった。家康は一見して「おそろしき面魂かな」と驚き、捨てよと命じたが皆川広照《みながわひろてる》が貰い受けて育てたとも伝えられる。

忠輝は八歳で三河長沢の松平家を継いだ。慶長七年、下総国佐倉（千葉県）四万石の城主となり上総

▼内訌
うちわもめ。

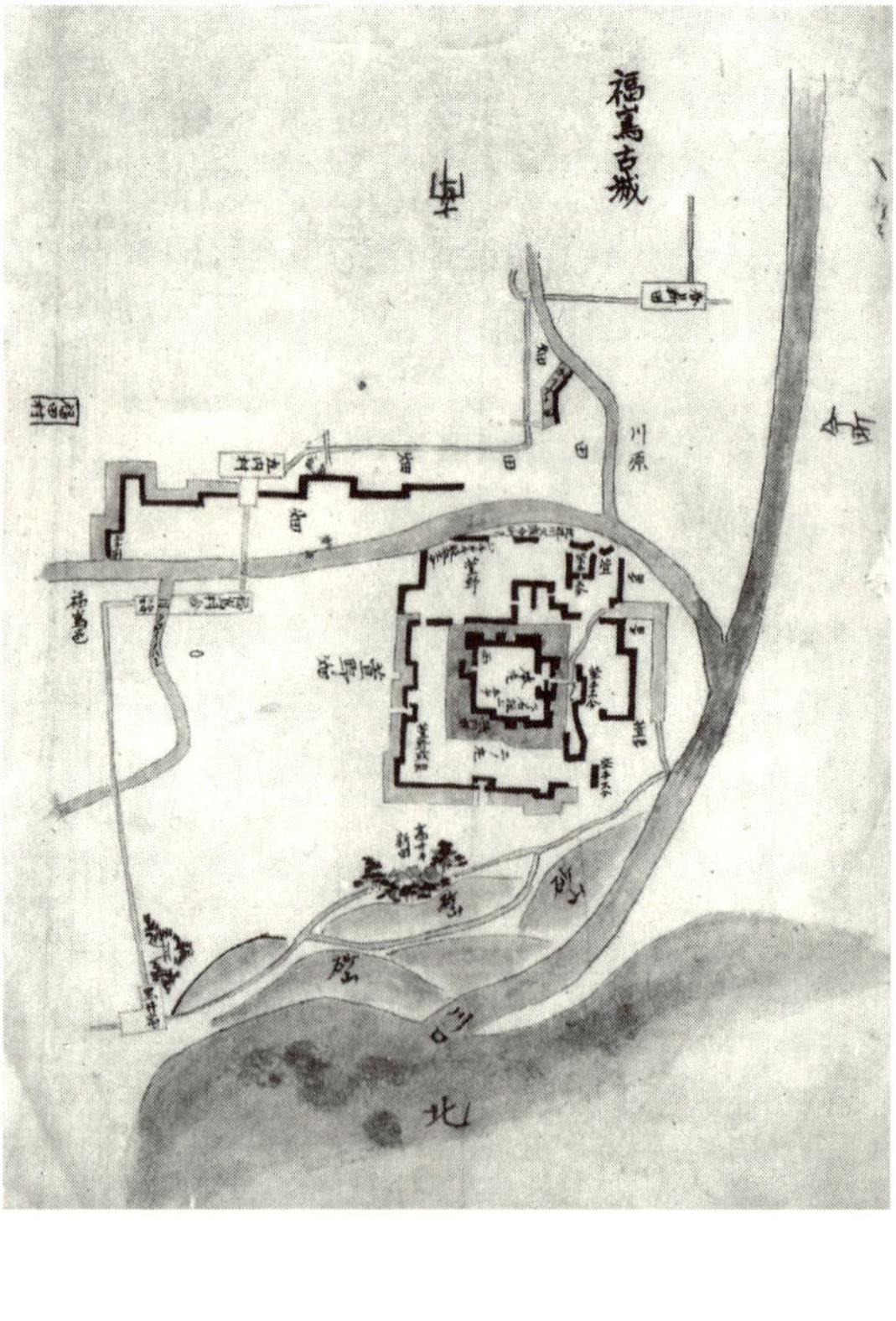

福島古城図
（『訂正越後頸城郡付図』による）

介に任じられ、翌八年、川中島城主となり、十年に従四位下に進み左近衛少将に任ぜられた。

高田入封の背景

慶長八年(一六〇三)家康は幕府を開き、徳川幕藩体制の基礎は確立した。同十五年、堀氏改易に伴い忠輝は、堀忠俊の遺領を合わせて与えられた。その知行高は六十万石のほか、三十万石から七十五万石までの諸説があるが、四十五万石程度と推定される。★これは織豊政権の取り立て大名の勢力が越後から後退し、徳川政権にとって初めて親藩が置かれたという意味において注目される出来事であった。

家康が忠輝を越後に移した意図は、加能越三国に百十九万石を領有する前田氏に備え、佐渡運上金銀の江戸への輸送路の安全を確保することであった。それ故に、忠輝の改易後も、幕末に至るまで一門もしくは譜代の大名が置かれてきた。

忠輝は入封すると、次のように重臣を配置して領内を統治した。溝口宣勝《みぞぐちのぶかつ》(新発田城、与力大名、堀家旧臣)、村上頼勝《むらかみよりかつ》(村上城、同前)、松平筑後守信直《のぶなお》(糸魚川城、長沢松平家の旧臣)、山《やま》田《だ》隼人正勝重《はやとのかみかつしげ》(蔵王・村松の両城、忠輝の生母の所縁)、松平大隅守重勝《まつだいらおおすみのかみしげかつ》(三条城、幕府からの付与)、花井

▼三十万石は「廃絶録」、六十万石は『徳川実紀』、四十五万石は「恩栄録」、七十五万石は、与力大名の村上・溝口氏の知行高を加えたものと考えられる。

松平家家紋 丸に三つ葵

松平忠輝肖像

（松平）遠江守吉成（信州松代城、前同）。幕府から付家老として大久保長安《おおくぼながやす》が遣わされ、藩政を統轄した。大久保は、関ヶ原合戦において軍用品の調達・輸送役の小荷駄奉行を果たし、戦後は、関東代官、大和・美濃・甲斐等数十カ国代官の総代官、八王子千人同人の統率、金山奉行（佐渡・伊豆・石見）、一里奉行など軍事・警察・産業・経済・流通・交通など幕府の中枢機能を与《あずか》った人物である。

謎の多い在封間もない改易

忠輝は、入封五年後の元和元年（一六一五）八月、家康から勘当され、翌二年七月所領を没収の上、伊勢朝熊《いせあさま》（三重県伊勢市）へ配流となった。

配流の原因は『藩翰譜』によると、忠輝は、大坂夏の陣において大和口の大将であったにもかかわらず、遅参して戦に間に合わなかったこと、大坂への道中、近江国守山宿で将軍秀忠の家人三人が馬に乗ったまま通り過ぎたのを責めて討ち取ったこと、京都で家康の参内に供奉せず無許可で帰国したことが家康の不興を買ったとある。

忠輝の改易について裏面に何かありそうだという不審は、以前からあり、大正三年（一九一四）刊の『高田市史』において布施秀治《ふせひではる》★は「長安久しく忠輝の国事に参与せるを以て、忠輝すこぶる疑はれたるが如し。かくの如く忠輝の身辺疑惑の暗

▼布施秀治
頸城区出身。高田中学校に勤め明治四十年（一九〇七）、謙信公三百年祭を記念して校内に「謙信文庫」を創設。本資料をもとに『上杉謙信伝』を著し、認められて東大史料編纂所に入り、宮内省編纂官となり二十余年勤める。

雲におほはれて地位危殆なりければ……」と示唆している。根本原因は、越前松平忠直《ただなお》、駿河大納言徳川忠長《ただなが》の改易と同様、幕府政治を確立するには障害となるものであったためと推測される。

すなわち、大坂の陣において豊臣氏を倒して得られた領地は関ヶ原の合戦に比べて少なく、功労のあった大名に与えることは困難であり、身内に対して厳しく対処することで乗り切ったと見られる。なお、大久保長安への権力の集中は、家康譜代の本多正信《まさのぶ》・正純《まさずみ》父子にとって危険な存在であり、長安の妻は、本願寺坊官下間頼竜《しもつまらいりゅう》★の娘であったため、家康側近の天台僧の天海にとって長安は苦々しい存在であったなど、人的なからみがその底流にあったものと思われる。

慶長十八年(一六一三)、リチャード・コックスは、イギリス東インド会社の貿易船で来日し平戸にイギリス商館を創設して館長となった。滞在期間、コックスは「日記」★を残している。

元和二年(一六一六)二月二十九日の記事に、「風評によれば、今や皇帝(家康)とその子カルサ様(上総守・忠輝)との間に戦争が起ろうとしている。義父★(伊達)政宗殿がカルサ様と接触するらしい」とあり、コックスは、忠輝及び政宗と何らかの交渉があったことが記されている。この「風評」が事実であるとするならば、忠輝の改易のみならず、政宗の厳罰に及ぶ出来事である。大坂の陣の前後の記事であるだけに、さらに「日記」の精査がなされることを期待される。

▼下間頼竜
下間氏は、本願寺の坊官の一族。戦国期になると加賀の一向一揆への援軍として名が見え、石山合戦で戦闘の指揮を取り、和議の際の血判を行っている。近世に入り本願寺の事務に関わり、明治初年まで坊官を継承した。

▼『コックス日記』
平戸イギリス商館長リチャード・コックスの公務日記。商館設置期間(一六一三~二三)の内、一六一五年六月一日~一七年七月五日と一七年七月六日~二二年三月二四日の二冊が大英図書館に現存する。

▼義父
伊達政宗の娘五郎八《いろは》姫《ひめ》が忠輝に嫁いだ。

② 高田城の創建

家康の六男忠輝の城として奥羽・上信越・北陸の一三大名による国普請として四カ月余で完成。
石垣も天守閣もないが天然の地形を利用した防備性の高い城だった。
鮫ヶ城は雅名。

近世城郭の動向から見た高田城

高田城は北陸の雄、上杉氏の本拠地春日山城の地位を継承したもので、越後方面の中枢であると共に、加能越方面と関東との関門に当たることから、幕府が一門もしくは譜代の有力大名を置いた城といえる。

高田の地は、江戸から発して信州を経て高田に入り奥州に通ずる北国街道と、富山・金沢を経て京坂に通ずる加賀街道との分岐点に位置していた。さらに、海路として今町湊を控えていた。

北国街道は、佐渡金山の開発が進むと、佐渡の金を江戸に送り出す要路となり、参勤交代制が整うと北陸の諸藩の往還路となって重要性がさらに高まり、五街道に準ずる街道といわれてきた。

近世を迎えると経世の視点が大きく変わり、居城についても、山城から平城へ移行してきた。なお、元和元年（一六一五）の「一国一城の令」は、この気運を促進させた。北陸においては、越前の福井城は一乗谷城から、近江の長浜城は小谷城から移った。

国役普請による築城

幕府は高田城の築城工事を江戸城・駿府城・名古屋城の例にならった国役普請★で行うこととして伊達政宗を普請総裁に、助役を金沢前田藩以下一三名★の大名に命じた。この工事は慶長十九年（一六一四）三月に着手され、各大名が戦場で武功を争うように、人力と財力の限りを尽くして七月上旬に完成した。各藩から工事に動員された人夫の割当数は不明であるが、若松藩蒲生忠郷《がもうたださと》の負担は、一日一万人分の役銭と家臣三〇〇人、一日六千人の人夫を動員している。若松藩六十万石の一日の動員数一万人という比率でいくと一三藩総高四百万石余で、六万七千人という数値になる。

南部藩では一門の八戸直政《はちのへなおまさ》を名代にして派遣した。直政は忠輝からその労に対して太刀や馬・衣服を贈られたが、五月三日、重なる疲労で病を得て帰国の途についた。村上氏の六月十八日付の下知状によれば、八戸直政のため越後村松から出羽に至る街道の宿駅の通行について「伝馬拾疋伝候而送り可申候、又浦伝へ

▼国役普請
幕府が国持大名に命じて進める普請。大名にとっては大きな負担となった。

▼動員された一三大名
陸奥仙台城主伊達政宗（六十二万石）・同盛岡城主南部利直（十万石）・同若松城主蒲生忠郷（六十万石）・出羽山形城主最上家親（五十七万石）・同米沢城主上杉景勝（三十万石）・同秋田城主佐竹義宣（二十一万石）・甲斐谷村城主鳥居成次（一万八千石）・信濃小諸城主仙石秀久（五万石）・同上田城主真田信之（十一万五千石）・同松本城主小笠原秀政（八万石）・越後村上城主村上忠勝（九万石）・同新発田城主溝口宣勝（六万石）・加賀金沢城主前田利常（百二十万石）

に被越候ハ、舟を馳走可申候」（南部家文書）と伝馬のみならず、沿岸に沿って進む舟の提供を申し出ている。だが、直政は六月二十日、椎谷浜において落命した。同行の家臣大光寺文助《だいこうじぶんすけ》は殉死を図り、刀を腹に突き立てた時、「殿の意を国元に伝えてこそ忠節というもの」と、同輩がやめさせた。文助は布で腹を強く巻き締めて、八戸に戻って、主君の直政を葬った後に再び、切腹して殉死を遂げた。★

　このような大規模な城と城下町が、幕府の命による突貫工事で実施されたとはいえども、わずか四カ月足らずで造れるわけもなく、忠輝の福島城入封直後から工事に着手したのではないかとの見方もある。

　この事に関して、竪春日町（本町一）の春日神社の記録★の中に、「慶長十八年四月、福島町から遷宮」と見えており、高田城築城以前、すでにこの地に移っていたことが知られる。

▼春日神社の記録

一、慶長十八癸丑四月福島町□（虫損）春日大明神御遷宮
　春日社地　　春日町之内　南北二十□（虫損）　東西三十間
　官免　□（虫損）洞
　右可為除也
　慶長十八癸丑三月　　成瀬豊前　書判
　　　　　　　　　　　松山左近　同
　風間民部亮殿
　地請　佐藤佐二右衛門ドノ

（『上越市史・別編3　寺社資料』による）

自然の地形を利用した防備性

高田は、高田平野の中央やや西寄りに位置し、一方は日本海に臨み、他の三方

築城前高田付近之地勢図

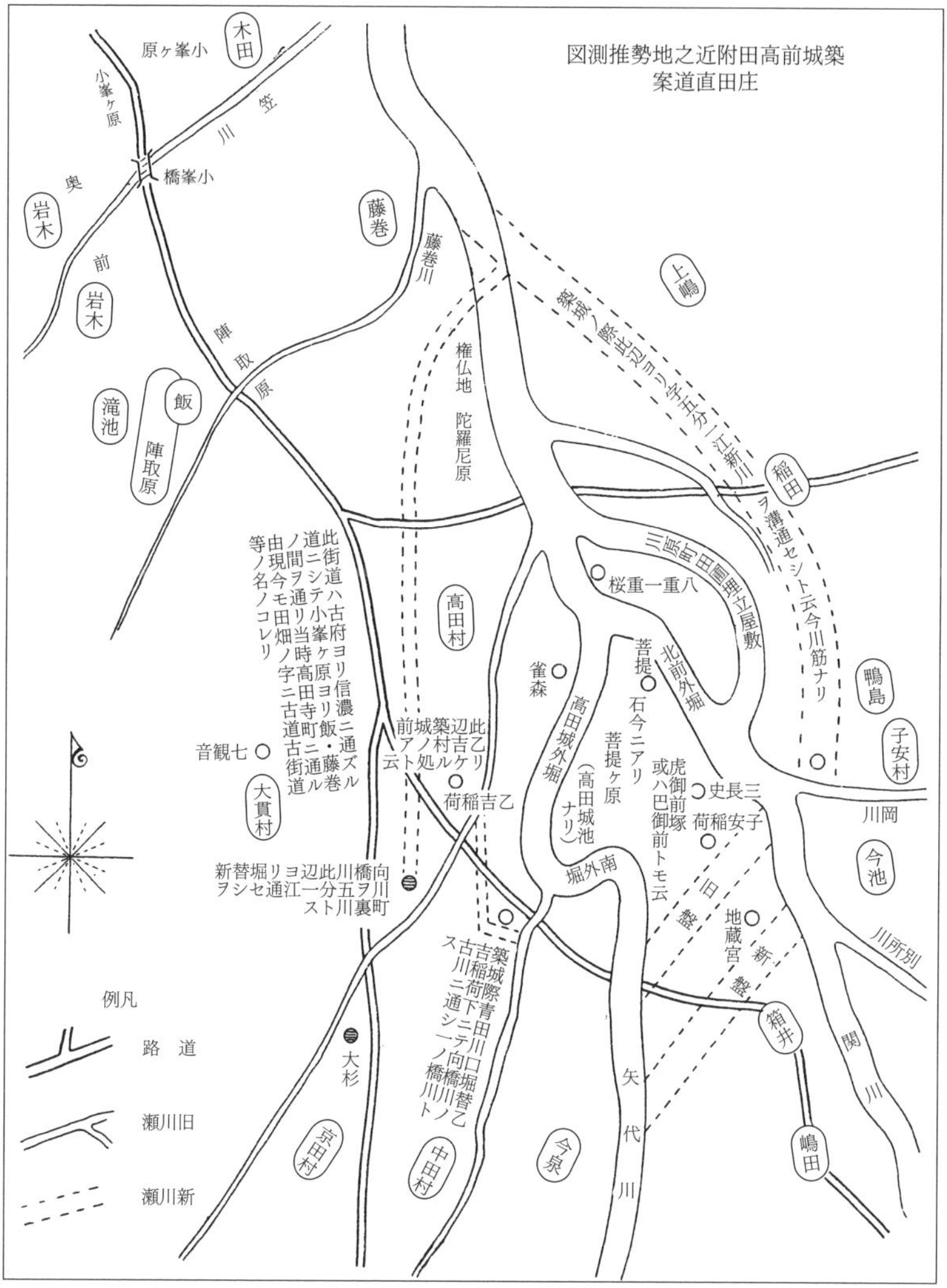

（『高田市史・第一巻』による）

は山を背負い、東に関川が流れるなど、築城の条件としての防備性と城下町経営上の位置的な利便性を備えていた。

　高田城の外堀は、庄田直道案の「築城前高田付近之地勢図」★によっても関川の蛇行を利用して外堀としてきたことが理解できる。その内郭には掘り上げた内堀を設け、城郭の骨格を築いてきた。

高田城のあらまし

　高田城は石垣はなく天守閣も造られなかった。大坂冬の陣の直前で工事を急いだこと、付近に石材がなかったこと、石垣を造営する専門の「穴生衆《あのうしゅう》」★らを確保することができなかった★ことなどの要因が考えられる。本丸西南隅の三層の櫓が高田城のシンボルであった。城が完成したのは半世紀後の松平光長時代であった。

　本丸跡は東西約二二〇メートル、南北約二三〇メートルの広さがある。地盤は二の丸などの周辺地より、約一～二メートル高い。本丸には、御殿、諸番所、諸部屋、諸宝庫、馬場、矢場、厩、井戸などがあった。現在、上越教育大学附属中学校が置かれている。

　本丸の南手が大手であり、極楽橋を渡り極楽門が迎える。極楽門の左右の土居に多門櫓が据えられていた。極楽門をくぐると枡形に入る。ここの右手に二層の

▼穴生衆
石垣を築くことを専門とした石工。近江国穴生に優れた石工が多く居住していたことからいう。

▼『徳川実紀』、慶長十九年(一六一四)四月八日の項に、西国諸大名の助役にて江戸城石垣修築に着手とある。

本城御門（大手門）があった。東口は搦手で縄手橋を渡ると二層の東不明門があり、これをくぐると、枡形に入る。東不明門はかつての春日山城の表門であったが、福島城表門として使用され、さらに高田に移されたと伝えられる。それ故、造作などは他の門と趣を異にしていると言われている。北口は御茶屋橋を渡り北不明門をくぐると本丸に入る。この門は、北の丸の花畑、茶屋へ行くときに使われたものであろう。

本丸の西南隅に三層の櫓が、東南と北西隅にも櫓があった。本丸土塁のうち北東部分は、鬼門にあったため土塁は屈曲させ、櫓は置かれなかった。

城郭は、寛文五年（一六六五）、寛延四年（一七五一）、弘化四年（一八四七）の地震で崩壊、享和二年（一八〇二）、明治三年（一八七〇）の火災で本丸御殿が全焼した。同四年の廃藩置県で破却となり、四十一年には陸軍第十三師団が入城したため一部の土塁が崩され堀も埋められ、現在に至っている。

戦後、上越市のシンボルとしての高田城三重櫓復元への市民の要望が高まった。市は、上越市発足二十周年記念事業として建設することとした。規模は、稲葉時代の「高田城図間尺」にある数値に準じ、外観は松平光長時代の「本丸御殿絵図」を参考にした。内外ともに可能な限り木が使われている。平成五年（一九九三）四月、公開された。なお、城門にかかる極楽橋は、平成十四年に復元された。

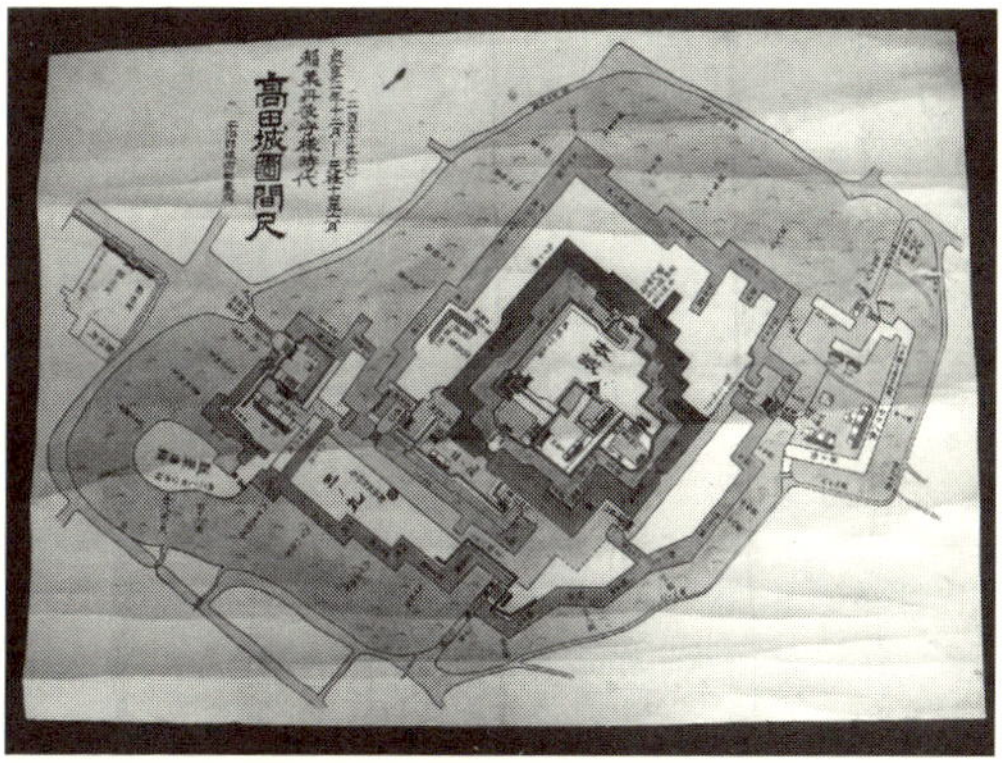

「高田城圖間尺」
本図は、稲葉丹後守時代（貞享二～元禄十四・一六八五～一七〇一）に作成されたもので、図中、高田城の仕様が記されている。

領主一覧（・印は親藩、他は譜代）

領主	石高	在城期間	年月	領地	転移（ ）は廃藩当時	主なできごと
・松平忠輝	75?	一六一〇～一六一六（慶長十五閏二・三～元和二・七・五）	六年（高田時代は二年）	越後全部　川中島十二万石	川中島―改易	・慶長十九（一六一四）高田築城・同十月二十五日地震
酒井家　家次・忠勝	10	一六一六～一六一九（元和二・十・十五～五・三・十二）	二年六カ月	頸城郡・刈羽郡のうち	高崎―松代（羽前庄内藩）	・越後が分割統治下にはいった
・松平伊予守家忠昌	25	一六一九～一六二四（元和五・三・十一～寛永元・三・十五）	五年一カ月	頸城郡全部、魚沼・刈羽郡のうち	川中島―北庄（越前福井藩）	・忠昌は家康の孫、忠輝のおい
松平中将家（越後守家）光長　尾張・紀伊・水戸の三家につぎ四家と称せらる	26	一六二四～一六八一（寛永元・三・十五～天和元・六・二十六）	五十七年三カ月	頸城郡全部、刈羽・魚沼・三島郡、信濃更級郡のうち	北庄―改易（美作津山藩）	・高田藩の最盛期・光長は家光のおい ・寛永十一（一六三四）地子銭免除 ・寛文五（一六六五）十二・二十七大地震・地震後、市街を拡張、整理 ・延宝七年（一六七九）越後騒動が起り、九年に処断さる。
在番時代		一六八一～一六八五（天和元・八・十～貞享二・十二・十二）	四年五カ月			・幕府から任命された十名の大名が二人ずつくんで城の番をし、代官が政治をとった。 ・天和二（一六八二）中将家の遺領を検地、この検地は全国の範とされ、当地でも長いあいだ基準となった。
稲葉正通	10・3	一六八五～一七〇一（貞享二・十二・十一～元禄十四・六・十四）	十六年七カ月	頸城・刈羽・三島郡のうち	小田原―佐倉（淀藩）	・高田が衰微して家中屋敷をこわして水田とした。 ・元禄二（一六八九）芭蕉来高
戸田忠真	6・785	一七〇一～一七一〇（元禄十四・六・十四～宝永七・閏八・十五）	九年二カ月	頸城・刈羽郡のうち、河内国のうち	佐倉―宇都宮（宇都宮藩）	保守的な政治
松平越中守家定重・定逵・定輝・定儀・定賢	11・30	一七一〇～一七四一（宝永七・閏八・十五～寛保元・十一・二）	三十一年三カ月	頸城郡のうち奥州白河郡のうち（享保九、天領十万七千石を預かる）	桑名―白河（桑名藩）	・厳格な施政・享保七（一七二二）～一〇、質地騒動 ・享保十五（一七三〇）高田別院建立（元文二完成）

（『高田市史』第一巻による）

第二章 北信越の拠点としての高田藩

高田藩は北信越の拠点にあったとはいえ、藩主の交替はたび重なった。

①　親藩による藩政

大坂夏の陣で豊臣氏が滅びた後、二代将軍秀忠に疎まれた松平忠輝は断絶させられ、酒井氏が入封。酒井氏の後、忠輝の甥松平忠昌が二十五万石で入封。好事魔多し、世継ぎ問題から、世にいう「越後騒動」で越後松平家は取り潰しに。

高田城請取り役を務めた酒井家

酒井《さかい》家次《いえつぐ》は、母が家康の祖父の娘であり家康とは従兄弟になる。慶長九年（一六〇四）に上野国高崎五万石を与えられ、高崎の東側、大胡に与力牧野忠成二万石が、さらにその東には牧野氏の客将稲垣重綱《いながきしげつな》一万石が配され、関東北辺を固めていた。

忠輝改易後の元和二年（一六一六）七月、高田城請取りの任に当たり、同年十月加増され十万石で高田城主となったが、牧野・稲垣氏も越後に入り、米山の西側に牧野氏、東側に稲垣氏が据えられた。いわば関東北辺の諸藩が配されたことになる。酒井家は二年ほど在城し、信濃国松代へ転封した。

北陸の備えとして越前系松平家を

酒井家家紋　丸に剣酢漿草《かたばみ》

酒井家の後、松平忠昌《まつだいらただまさ》が二十五万石で高田藩主となった。忠昌は、家康の二男で越前国北庄《きたのしょう》★（福井市）六十八万石城主結城秀康《ゆうきひでやす》の二男であり忠輝《ただてる》の甥に当たる。

忠昌は、慶長十二年（一六〇七）、家康に初御目見得し、家康の側室お勝《かつ》の方の養子となり上総国姉ケ崎一万石を与えられた。大坂の陣で戦功を挙げ、元和元年（一六一五）、常陸国下妻四万石を与えられ、次で信濃国川中島十二万石を経て高田へ加増転封となった。

兄の忠直《ただなお》が父のあとを継いで北庄に入ったのに呼応して、越前系親藩の両家をもって北陸の地を固めさせることになった。

▼北庄
福井市の旧称。

将軍家と縁の深い松平光長

元和九年（一六二三）五月、忠直が領地支配が不行き届きとのことで隠居を命ぜられ、忠昌は高田在封五年にして越前松平家の跡を継ぎ北庄へ移った。幕府は、越前松平家の正系を重んじ、翌寛永元年（一六二四）、忠直の長子仙千代に跡を継がせた。俗な見方になるが、叔父忠昌と入れ替わったことになる。

仙千代の母、勝子は将軍秀忠の娘であり、仙千代は母と共に江戸屋敷にあった。寛永六年（一六二九）元服し、家光の一字が与えられ光長《みつなが》と改め、越後守に任ぜられた。同十一年二月、光長は、母と共に高田に入ったが、この頃すでに従三位中将に進み御三家に次ぐ格式を備え、徳川連枝《れんし》★の雄藩であった。

家老小栗美作の執政

光長の領地は頸城郡全部、刈羽・三島・魚沼の各郡及び信濃国川中島にまたがり、表高二十六万石であったが、のち新田開発が進んで四十万石近い内高となった。

また、小栗美作は幕府から河村瑞軒《かわむらずいけん》を招いて領内の殖産興業の指導を仰ぎ、中江用水を完成させ百余カ村の灌漑排水を便利にした。このほかにも、魚沼銀山の開発、領内各地の新田開発を進め藩庫の増収を図った。これらについては、第三章「高田藩の産業開発」において詳述したい。

試練の「寛文の大地震」

寛文五年（一六六五）十二月二十七日（新暦一六六六年二月一日）、大地震が発生した。当時、高田は四メートルを超す大雪で、城の建物、城下の家屋の大半が倒壊し、小栗五郎左衛門、荻田隼人の二家老をはじめ、藩士・町人・僧侶など多数の者が

▼連枝
身分の高い人の兄弟姉妹。

小栗美作の墓
（上越市寺町二、善導寺）

圧死した。★

　この地震で二家老を失い、小栗美作が藩政に当たることとなった。地震からの復興には幕府から五万両借り入れ町家に間口一間につき一両ずつ貸し市街の区画整理を進め、伊勢町口・陀羅尼口・稲田口の三番所を設け城下町を整えた。大破した三層の櫓も修復ができた。

　意味はよく分からないが、次のような往時の手鞠歌において城下の賑わいの一端が偲ばれる。▼

　アーラみごとや高田のお城　城は白壁八つ　棟造り　おゝぎはしらに　おふきばし　お舟はりうりう　かへりりうりう　東は如来の善光寺　やはた八幡たい山薬師　年に　三度のおみどが開く　開く道者の袖口みれば　花が……　チャカリントサイヨー……

高田の命運に関わった「越後騒動」

　越後中将（松平光長）家★の治政もようやく軌道に乗りかけたかと思われたが、「好事魔多し」とか、延宝二年（一六七四）、光長の嫡子綱賢《つなかた》が病死し、その相続問題にからんだ内紛、いわゆる「越後騒動」という思わざる不幸に見舞われ、最終的には越後松平家（中将家）は取り潰しとなった。世に伝えられる越後騒動は、

▼地震の被害情報の一例
「昼夜三〇回も余震が続き、城内の門・櫓、家中は一五〇軒、町屋は三七〇軒余、寺は一二軒潰れ、死者は家中一四〇人余、町人四三〇人、寺三〇人に及ぶ」（村上城主松平直矩が光長の嫡子綱賢から得た報告）（『上越市史・通史編3・近世二』）

▼旧『高田市史』による。
歌詞の注釈は次のように見えている。
「おゝはしら（往下橋）、おふきばし（扇橋か。城南乗国寺前に架せる、扇面形の橋を云ふ。築城の際、矢代川を切替へし跡、沼地となり、燕子花（カキツバタ）を以て名所に数へられる）、お舟はりうりうかへりうりう（直江造るより五分の一を稲田河岸へ日々川舟の往来せる意味か）、たい山薬師（米山薬師か）」

▼越後中将
幕府は、松平光長に「御三家」に次ぐ待遇を与えたので、「四家」と称し「越後中将家」と言われた。

小栗美作が光長の相続問題が起こったのに乗じて美作の嫡子掃部大六《かもんだいろく》が光長の甥であることから、掃部を光長の養子として跡を継がせて高田藩二十六万石の横領を謀った。これに対して永見大蔵《ながみおおくら》（光長の異母弟）は荻田主馬《おぎたしゅめ》と謀り、主家のために美作を除こうとし「お為の方」と称し、美作ら一派を「逆意の方」として攻撃したことに端を発したとされている。

このようなお家の内紛が幕府の知られるところとなり、延宝七年九月、大老酒《さか》井《い》忠清《ただきよ》は双方を評定所に呼び出し、裁定の結果、美作側の言い分が通り、事件は一時落着した。

延宝八年五月、将軍家綱が没し、五代将軍に綱吉が就くと大老酒井忠清は退けられ堀田正俊《ほったまさとし》にかわった。この機に大蔵らは大老堀田に審理のやり直しを働きかけて、ついには将軍綱吉の親裁★という前例のない再審が行われ、その結果、高田家家臣団の両成敗、高田藩主は改易となった。

▼**親裁**
将軍が自ら裁く。

江戸の仇を越後で取られたような「越後騒動」

延宝八年五月、将軍家綱が危篤に陥った時、家綱には跡継ぎがなく、次弟の甲府の綱重も亡くなっていた。そこで酒井忠清が京都から有栖川宮幸仁親王を迎えて将軍として鎌倉幕府における将軍と執権の体制を図ろうとしたが、堀田正俊が推す館林の徳川綱吉が将軍となった。その時、光長は酒井に同調したのでこれを遺恨に思い厳罰に処したとの説もある。家中騒動（お家騒動）の対応は、幕府要人の主導のもとで公儀評定を経て将軍上意が示され、この上意示達が最終裁定となるのが慣行とされてきた。家中騒動は、何も高田藩に限った珍しいことではなかった。だが、高田藩の場合、将軍上意でさえ従わない動きを見せてきた。新将軍に就任した綱吉の残された手段は、酒井を退け、将軍親裁によって幕府の権威を示すことであった。だがその結果は、高田藩家臣団の両成敗、越後中将家の取り潰しという厳しい処置となった。

うがった見方をすれば、江戸の仇（上意に従わない幕藩体制の緩み）を高田（高田藩に対する厳しい処置）で取らざるを得なかったものと思われる。このような光長への処断は、先の忠輝に続いてまたもや幕藩体制引き締めの指標となったと解するのは、身びいきの見方であろうか。

かくして講談本はもとより、正史・研究書★においても美作は、極悪非道越後騒動の張本人として解されているが、現在でも開発の先達者として敬愛されている。

▼幕府の記録として『徳川実紀』・『藩翰譜』がある。『御家騒動実記』（雄山閣、昭和十六年刊）収載「越後記大全」の記述項目は、越後家由来・小栗美作の野望・忠士七人・家中の確執・小栗美作の失脚・御為方、罰せらる・美作一味の横行・阿部豊後守の吟味・将軍家裁断からなる

2 譜代大名在番時代

「越後騒動」で越後中将家の改易後、約五年間は在藩を命ぜられた大名二名が交替で高田城を守衛した。
在番時代で特記されるのは、「天和検地」と呼ばれる中将家の旧領地の土地改めであった。
その後、稲葉家・戸田家・久松松平家と譜代、親藩大名が入封するも、松平家時代には「質地騒動」が起こる。

仮支配体制の在番

延宝九年（一六八一）七月、高田城請取りが終了し、高田藩領は全て幕府領となった。以後、貞享二年（一六八五）、稲葉氏が高田城主になるまで、幕府から高田在番を命じられた二名の大名が毎年五月に交替し一年交替で城郭、城下の警備に当たった。

この時代、在番大名《ざいばんだいみょう》★たちは、一年あるいは短期間の勤務であり、責任ある政治を望むべくもなかった。

大藩が瓦解し、家中にあった藩士の邸宅はみるみる荒廃し、治安は乱れ、強盗、放火は絶えなかった。高田の町民は、自衛のため自治体制を強化し町中から目明しを選んで取り締まりに当たり、火災に備えて火の見櫓での見張りを強化し、火消組（陀羅尼・長門・上下田端・春日町）を整備し、人足を常備するなど出動態

▼在番大名
〈延宝九年（一六八一）〜天和二年〉
水野忠直（松本・七万石）
溝口重雄（新発田・五万石）
〈天和二年〜三年〉
相馬昌胤（中村・六万石）
秋田輝季（三春・五万石）
〈天和三年〜貞享元年〉
内藤弌信（棚倉・五万石）

勢を整えてきた。

なお、商品の流通においては、城下の茶町以外でも茶が取引されるようになるなど、従来の慣行に緩みがでてきた。

泣き面に蜂の俚諺《りげん》があるが、在番政治が始まった天和元年（一六八一）の暮れから雪が降りだし、稀にみる豪雪となった。そこで「この下に高田あり」との立て札が立てられた。加賀の飛脚はこの札に、「諸国まで高く聞こえし高田さえ今来て見れば低くなりけり」という狂歌を書き加えたと伝えられる。

江戸期の土地支配の基準となった「天和検地」

この時代に特筆されることは、天和二年（一六八二）四月、幕府の命によって越後中将家の全遺領、頸城・三島・刈羽・魚沼四郡の検地★が行われたことである。この検地は、地目・等級を細かく定めた精緻な検地であった。

本検地に基づく検地帳（「天和検地帳」と呼ばれる）は、翌三年五月に村々に下付され、当地方での、その後二百年間の土地支配の基準となった。

在番時代に越後の検地が強行された背景を推察すれば、光長時代において新田開発が前例にないほど、短期間にしかも広範囲にわたって効率良く行われ、越後家の表高二十六万石が実高四十万石近くになっていたことによるものと思われる。

岩城重隆（亀田・二万石）
〈貞享元年〜二年〉
仙石政明（上田・五万八千石）
諏訪忠晴（高島・三万二千石）
〈貞享二年〜三年〉
井上正任（笠間・五万石）
堀親貞（飯田・二万石）
溝口重雄（堀親貞死亡、交替）

▼検地総奉行
三島郡・弘前城主津軽家の家臣大導寺隼人、魚沼郡・飯山城主松平家の家臣深津九兵衛、頸城郡関川以東・松代城主真田家の家臣木村縫右衛門、関川以西・高島城主諏訪家の家臣諏訪図書が担当。

春日局ゆかりの閨閥で知られる稲葉家

貞享二年(一六八五)十二月、小田原城主稲葉正通《まさみち》(十万三千石)が高田に転封され、元禄十四年(一七〇一)六月まで、一代十六年間在封した。

稲葉家は、伊予越智郡(愛媛県)の出で、「正成―正勝―正則―正通」となる。正成の時、高田城主松平伊予守忠昌に仕え、糸魚川城主(一万石)となった。正成の子正勝は、春日局《かすがのつぼね》★の子で寛永九年(一六三二)十一月、家光から小田原八万五千石を受け、老中に任じられた。嫡子正則は将軍家綱に仕え、老中を務めた。

高田藩主の正通は正則の長子で承応三年(一六五四)丹後守に任じられ、侍従を兼ね寺社奉行を務め、天和元年(一六八一)、京都所司代になり、四年後高田に入った。★

稲葉家は大藩瓦解の後を受けた小藩であることから、その治政は自ずと縮小政策を取らざるを得なかった。

越後中将家が取り潰されると、藩士は四散し、城下の旧藩士の家は荒れ放題となったので、不用になった家中屋敷を整理し開墾が進められた。その中、目立った開墾は、川原町新田(北城町一円)であった。藩の精米を取り扱っていた中島善右衛門が請け負って開墾したということで「中島田圃《たんぼ》」あるいは「善右衛門《ぜんねん》

▼春日局
三代将軍の乳母。

▼稲葉家の高田入封の一因
京都所司代からの展開は、若年寄・老中へと進むのが当時の人事であった。稲葉正休(稲葉正成の孫)事件(貞享元年八月、江戸城中で大老堀田正俊を刺殺し、改易となる)を考慮し、控えたものとの見方もある

田圃《たんぼ》」と呼ばれてきた。

このほかにも、寺町新田（信越線に沿った地域）・高田廻り（高田城下の周囲）・籔野新田・出丸新開・高土村などが生まれ、城下町の中に田圃があるという変則的な町になった。これら開墾されたばかりの地からも租税が取り立てられた。

前代の消極的な治政を継承した戸田家

稲葉家が下総国佐倉に転封すると、入れ替わって戸田能登守忠真《ただざね》が佐倉から転じて高田城主となった。戸田氏は徳川の宿老で忠真の父忠昌《ただまさ》は老中として名望高く、忠真は父忠昌の遺領を受け、元禄十二年（一六九九）佐倉城主となった。

戸田氏の高田移封時の領地は、頸城・刈羽郡のうち、五万七千石、河内国に一万石で合わせて六万七千石であり、佐倉時代と変わりなかったが、歴代高田城主では最も小藩であった。したがって前代の消極策にさらに輪を掛けたものとなった。城下の開墾を進めたところで、藩庫の増収にはならなかった。その中、敬神の念が篤く神社を修理したり、神饌料を増したりした。市内川原町神明宮や日枝神社には忠真が奉納した絵馬が伝えられる。

宝永七年（一七一〇）在城九年二カ月にして下野国宇都宮に移り、松平定重《さだしげ》と交替した。

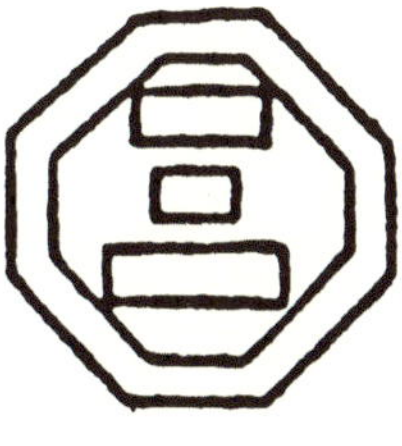

稲葉家家紋　隅切り角に三

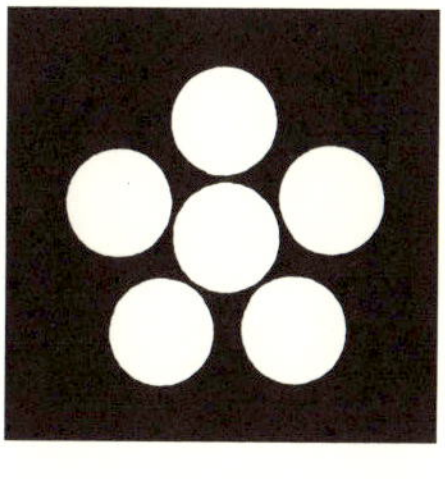

戸田家家紋　六曜（六星）

「越中鰯の塩辛さ」と囁かれた久松松平家

宝永七年(一七一〇)閏八月、松平定重が伊勢国桑名から高田へ転封した。初代久松俊勝《ひさまつとしかつ》は、家康と異父弟に当たることから松平姓を許された。

高田城主として松平越中守家は、「定重《さだしげ》—定逵《さだみち》—定輝《さだてる》—定儀《さだのり》—定賢《さだよし》」と五代で三十一年三カ月続いた。越後諸藩の中で徳川家と遠縁になり格式は優位にあったが、禄高は十一万三千石であり、頸城《くびき》郡内においては天領・預地《あずかりち》・長岡領・糸魚川領・伊勢地などが錯綜して一円支配はできなかった。

時代は、八代将軍吉宗の享保の改革期に当たっていた。享保六年(一七二一)、吉宗は改革の一環として、農民に耕地の確保を図るため質地条目を公布した。趣旨は、当時増大していた質流れ地を禁止することであった。元金を返却すれば質入地を請け戻せるとした三条の条目であった。

この条目を見た吉岡村(上越市)の市兵衛ら数人が首謀者となって「既に質流れになった田地でも、金は返却しなくても田地を取り戻すことができる」と農民に呼びかけた。生活に喘ぐ農民たちは時こそきたれりと質取人の家に乱入して質田地を強奪した。騒動は頸城一円の預地を含む幕府領に三年余も続いた。散在する代官所の力ではこの騒動を鎮めることができず、幕府は、享保九年閏四月に頸

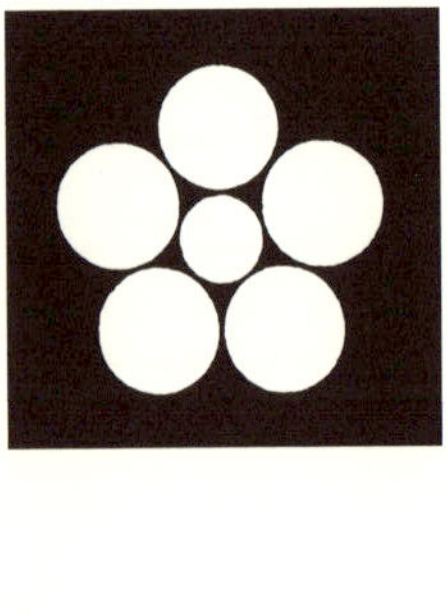

(久松)松平家家紋　星梅鉢

城郡の幕府領を高田藩の預地とした。

高田藩主松平定輝は直ちに家老服部半蔵・久松十郎右衛門を御用掛として藩吏を動員して暴徒を一網打尽に捕えて牢屋へ投獄した。同十年、予審が終わり、三月十一日に判決を下した。刑は、「磔、百姓市兵衛以下七人、獄門一一人、死罪一二人、遠島二〇人、田地取上げ、所払い一九人、過料二八人」に及ぶ厳しいものであった。

幕府は、高田藩主松平定輝の質地騒動の鎮圧の功績を認め、寛保元年（一七四一）、定賢の代になって陸奥白河へ栄転させた。そして高田時代に支配していた刈羽郡の一部がそのまま与えられた。松平氏は柏崎に陣屋を置き維新にまで及んだ。

「丹後鰤《たんごぶり》、能登鯖《のとさば》まではよかりしに　越中鰯《えっちゅういわし》の塩辛さよ」との落首が伝わっているが、領主の交替するごとに厳しくなった租税の取り立てに対する怨嗟の声であった。「丹後鰤」は稲葉丹後守、「能登鯖」は戸田能登守、「越中鰯」は松平越中守を指すことは言うまでもない。末尾の「塩辛さ」は、松平定輝の厳しい処断も詰《なじ》ったものであろうか。

高田藩江戸屋敷

江戸時代、幕府は大名の統制策として諸大名に一定の時期を定めて江戸に参勤させた。家光の定めた武家諸法度において、毎月四月を交代の時期として参勤することを定めた。在府（江戸にいること）、在国（自領にいること）の期間については隔年参勤を原則とした。これにより大名の生活の本拠は江戸におかれるようになり、江戸に屋敷を置き妻子を住まわせた。

高田藩の江戸屋敷は、享和二年（一八〇二）の記録によると、拝領上屋敷（小石川・七〇五〇坪）、拝領下屋敷（下谷池之端・一万八二五一坪）、預地（小川町・七三坪）、一橋御後門外・四〇九四坪）、借地（小石川御門外・五〇〇坪）と『高田市史』見えている。

榊原政令の初回の参府は、文化九年（一八一二）九月十五日高田を発駕し、帰国は、翌年六月二十九日であった。以後は五・六月に国元を出立し翌年六・七月に帰国するのが通例となっていた。

高田と江戸（板橋）までは、七一里であり、一般の旅人の場合、七泊八日を要した。藩の江戸との連絡として、大名飛脚が設けられていた。文化年間においては毎月一回の定期便があったが、事務が多くなり月三回に改められた。早飛脚で三日、御用飛脚では二日半で江戸に達した。

池之端の下屋敷は、明治に入ると舞鶴藩知事邸、牧野弼成邸などを経て岩崎家本邸へと変遷した。戦後、国有財産となり最高裁判所司法研修所などとして利用された。なお、高田藩の屋敷に隣接した加賀藩（前田家）の屋敷は、東京大学の敷地になっている。

平成六年、東京都の管理となり公開されている。高田藩時代の建造物は見られないが、大名庭園の姿を残し、石碑（「香月亭旧蹟記」碑）、広間前の手水鉢、庭石やモッコク、イチョウなどの大木に往時を偲ぶことができる。

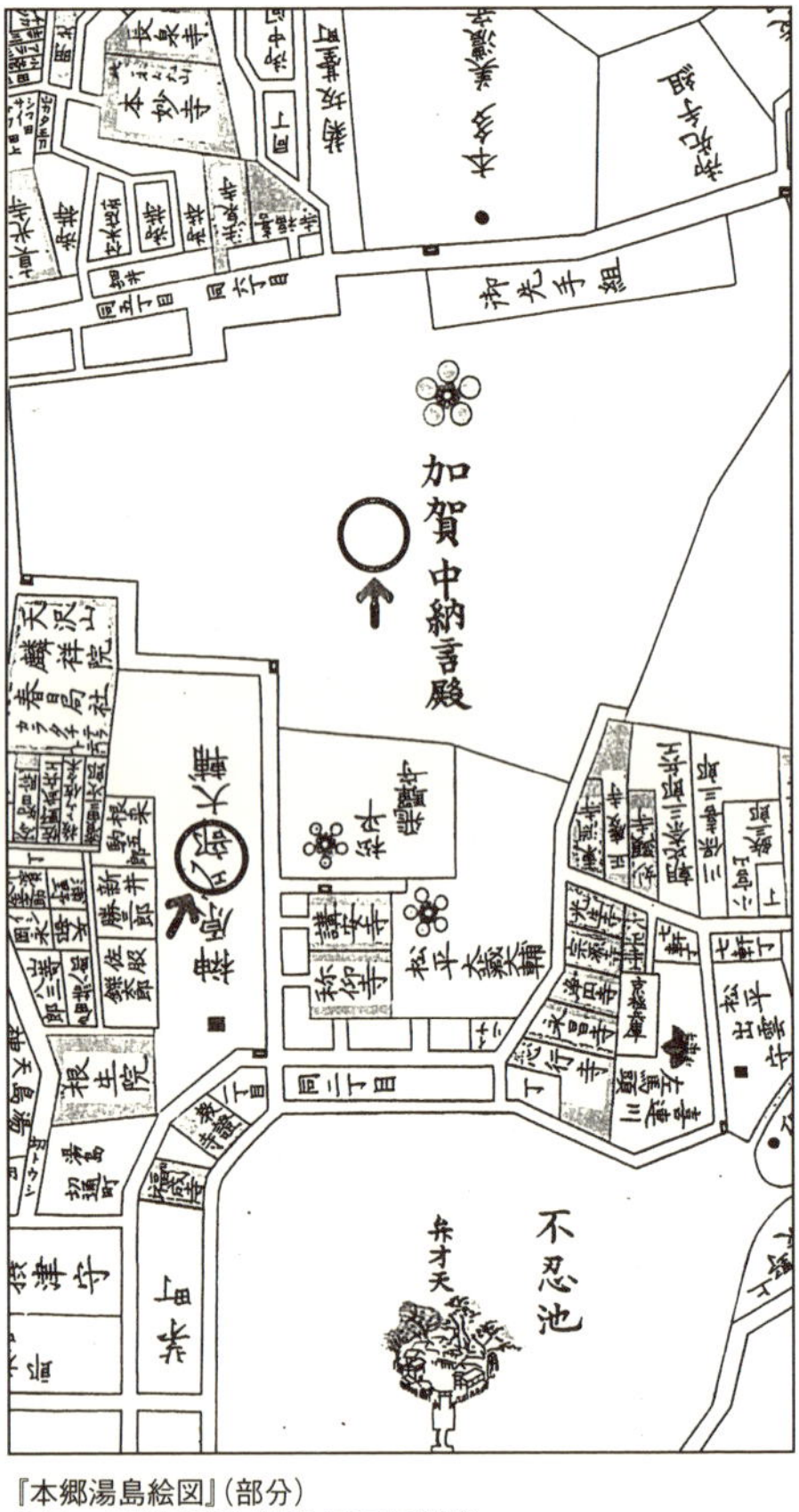

『本郷湯島絵図』（部分）
板元　尾張屋清七（嘉永巳酉年新刻）

③ 譜代大名榊原時代

高田藩の藩主の変遷は激しく、松平家は質地騒動鎮圧の功で栄転すると、代わって榊原家が幕府の忌憚に触れて姫路から高田に移された。榊原家は明治維新まで六代、百三十年間続いた。表高十五万石は越後一一藩のうち、最も高禄であったが領知が頸城郡と奥州に二分され実高も少なく、藩財政は苦しかった。

藩祖、榊原康政は徳川四天王

榊原家は、伊勢国（三重県）一志郡榊原の里にあり、榊原を姓とした。家紋の源氏車は、伊勢神宮の神官だった榊原氏が外宮奉納の錦《にしき》の文様をとったものと伝えられる。なお源氏車には八本骨のものと一二本骨とがあり、一二本骨のものが榊原車と言われる。

榊原家は、清長《きよなが》（康政《やすまさ》〈＝小平太〉の祖父）の代に三河国（愛知県）に移り、徳川家に仕えた。小平太は一六歳で初陣し、次いで三河の上野の合戦に参じて抜群の働きを見せた。家康は、その功を賞し「康」の一字を与え「康政」と名乗らせた。

康政一代の誉れは、小牧・長久手の一戦であった。この戦いにおける康政の任は、数で圧倒する秀吉軍に対して自軍の士気を高め、相手の士気を殺いで戦機を

榊原家家紋　源氏車

熟させ雌雄を決する戦略の組み立てであった。

　両軍睨み合いの最中、康政は秀吉の不義の罪を激烈に綴った檄文を草し、諸大名に決起を促すと共に、秀吉の陣中各所にこれを記した高札を立て人倫違反を訴えた。檄文の大意は、「信長公倒るや、秀吉、高恩を忘れ先に信行《のぶゆき》を滅ぼし、今また信雄《のぶかつ》を討ち、主家を横領せんとしている。まさに大逆無道の振舞いである。家康公、信長公との親交を想い憤激に耐えず大義の為、秀吉を討たんとす。天下の諸侯よ、非道逆賊の秀吉に与して千歳に恨みを残すより、我が義軍に合力し、令名を後世に伝えられよ」というものであった。

　これを知った秀吉は烈火のごとく憤り、康政の首に賞金を懸け召し捕った者には、十万石の地を与えようと下知したと伝えられる。家康軍の兵の引き揚げに際しては康政が後詰めの任に就き、戦火冷めやらぬ小牧に暫く止まった。家康は、康政の熾烈な戦場での先陣・後詰めと不退転の働きに対し、「笹穂の槍」を与え、その功に報いた。

　講和がなると秀吉は、家康との縁を固めるため異父妹の朝日姫の輿入れを申し入れた。家康はこれを受諾し康政を結納の使者として遣わした。康政が使者になることは、秀吉からの希望でもあった。指定された屋敷に康政が入ると、秀吉はお忍び姿で訪れ長旅の労をねぎらった後、小牧山の檄文の一件を持ち出して、「あの時は其方の首を一見とのみ思っていたが、和睦に及んで、其方の徳川殿へ

「小牧長久手之檄文染筆の図」（揚州周廷画）
（上越市大手町、榊原社蔵）

の忠誠の志と感じている。この事を其方に申し伝えたく、来てもらった★」と言ったと、伝えられる。天下人をしてかく言わしめた康政の器量の程が偲ばれる。

家康の関東入国に伴う新体制の構築に尽力

天正十八年（一五九〇）七月、小田原城が落ちると、家康は、北条氏の所領関八州を与えられ、八月江戸に入った。家康は、新体制を築くため康政に、関東における家臣団の知行制を命じた。武将にとって封地は、最大の関心事である。誰もが自己顕示欲ないし我執を秘め、それらを満足させる事は不可能である。自らの権勢欲、私心が寸毫たりとも窺われれば、怨念が鬱積し組織は崩壊してしまう。この難事を司れる者は、家康の配下、人材が多しといえども、公明正大、高潔な人柄と武断の手腕を備えた康政を措いてはなかった。事実、康政は家康の意図を受け止め、康政の献策になる知行制と配置は、徳川安泰の基礎を築くこととなった。

館林において立藩、転封を重ねる

家康の関東入国に伴い、徳川四天王と称された井伊直政《なおまさ》は上野国箕輪十二万石、

▼大名の系譜と伝記の集成『藩翰譜』（新井白石編）に記されている。

榊原康政の墓（左端）（館林市・善導寺）

本多忠勝《ただかつ》は上総国大多喜十万石、酒井忠次《ただつぐ》の嗣子家次《いえつぐ》は、下総国臼井三万石、榊原康政は上野国館林十万石が付与され、それぞれ一国一城の大名として立藩した。

康政の孫忠次《ただつぐ》は、陸奥国白河十四万石として入部、東北の関門を固めていたが、播磨国姫路十五万石に転じた。その孫の政倫《まさみち》は、幼少であり寛文七年(一六六七)、越後国村上十五万石に封ぜられた。村上在城は二代三十七年に及び宝永元年(一七〇四)再度、姫路十五万石に戻った。

姫路から高田へ転封

榊原家が姫路十五万石から高田十五万石に転封される契機となったのは、八代政岑《まさみね》★が家督を継いで間もなく、幕府から隠居を命ぜられることによる。

隠居の表向きの理由は、政岑は尾張の徳川宗春《むねはる》と共に江戸の吉原に遊び、名妓「高尾」を寵愛し身請けしたことは、華美に流れる振る舞いであるとの事であった。「武家諸法度」の「文武の道を修め人倫を明かにし風俗を正しくすべきこと」との趣旨に違反すると解せられたものと思われる。

寛保元年(一七四一)十月、将軍吉宗は、藩祖康政《やすまさ》の功に免じ家名断絶とせず、政岑は隠居、嗣子政永は高田転封とした。この間の事情について『徳川実紀』に「榊原式部大輔政岑存封せしを召れて、御勘気蒙り、家に籠居すへしと命ぜらる。

榊原家旗印
「日輪」に「無」の字が組み合わされている。

▼政岑
榊原家七代政祐に嗣子がなく、その跡を榊原支族の榊原頼母勝治の二子政岑が養子に入ることとなった。これより先、政岑は兄勝久が享保十六年(一七三一)に死去したために勝岑と改め家を継ぎ旗本に列せられ、さらに旗本の身分からにわかに宗家を継ぐことになった。

政岑は書画の才能もあり、榊神社の「雙輪舘」に収蔵されている彼の「雉の図」からも文人としての一端が窺える。高尾については、政岑が死去すると髪を落とし紀伊国町の屋敷において朝夕、仏事に専念して冥福を祈った。林泉寺の宝物館には、高尾が用いたと伝えられる豪華な「打掛け」が伝わる。

これ年頃、身のふるまひよからぬ事ども多かりしによれり。されど曩祖康政が旧功を思召れ、其子小平太政永に本領を安堵し、家をつがせる。政永いまだ幼稚にして封地にあれば、家長等よくはからひ、国政をととのふべしと仰下さる」と見える。政永は十一月姫路を発駕、十二月江戸に着いた。家中の士は翌二年二月上旬から順次、姫路を出立し高田に入り、三月末日高田城を請け取った。五月、政岑は罪人を護送する「青乗物」で高田に入り、わずか九カ月後の寛保三年二月十七日に没した。

墓所は、春日山林泉寺に置かれている。高田榊原藩の歴代藩主で当地に葬られたのは政岑ただ一人である。墓は罪人として青い網が被せられ、公式に墓参することは禁じられていた。九代政永が将軍のかわったのを機に、幕府に赦免を願い出たが許されなかつた。赦免は明治の世を迎えてのことになった。

不行跡を理由に何故、苛酷な扱いを受けたものか疑問が残る。厳しい処断の背景には、将軍継嗣問題に際して紀伊から将軍となった吉宗に不満を抱いていた尾張の徳川宗春と共に事を図ったのではないか★と推定する向きもある。

頸城郡一円支配ができなかった高田藩の領知

榊原家が高田で受領した領知は、越後国頸城郡のうち、三一二カ村、六万七四

▼庄田直道記「開かぬ花の香」
庄田は、政岑について「開かぬ花の香」と題して政岑に対して好意的な立場で記している。

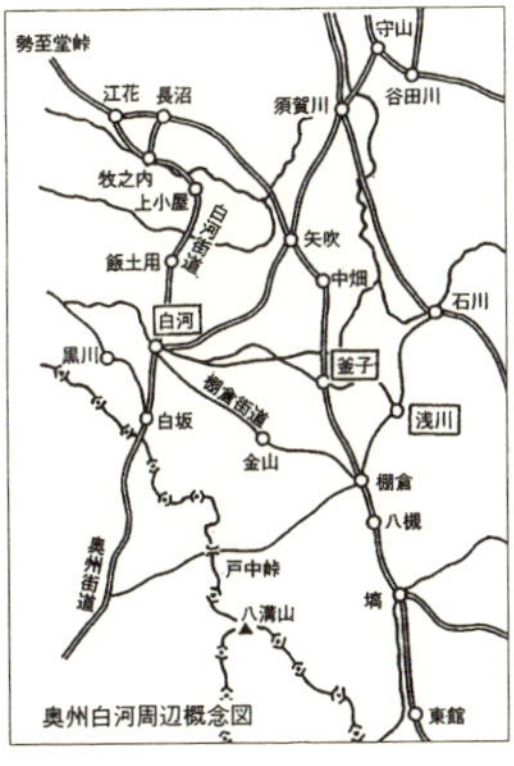

奥州白河周辺図

八四石余、陸奥国田村郡・岩瀬郡・白河郡・石川郡（福島県）一二四カ村八万四六三六石余、合計十五万二一二一石余であった。拝領高十五万石は変わりがないが、実高《じつだか》★は姫路時代は二十万石もあった。高田時代は実高との差はなく実質的減封となり、藩政を緊縮させ産業の振興に大きな枷となった。

　高田藩が奥州領を支配した当時、悲惨なことに当地では飢饉が続発し、農民は食扶持減らしのために嬰児の命を奪うという「間引き」が行われていた。政令の令室は、この風をたいへん嘆き、三和区岡田の風巻神社に「源氏車紋」「酢漿草紋」の二面の鏡を奉納して間引きの停止を祈願したと伝えられる。

政令令室が奉納したと伝えられる鏡
鏡名「霰地源治車紋柄鏡」
銘「中嶋伊勢守藤原種定」
面経二二・四センチ　縁高〇・三センチ
柄長一〇・二五センチ　柄幅三・九センチ
（上越市三和区岡田　風巻神社蔵）

度重なる災害

　榊原家が高田に就封した寛保二年(一七四二)八月、関川・矢代川が出水し稲田橋が落ち、秋の収穫は激減した。翌三年にも出水、四年、大雪で丈杭★を足した。延享四年(一七四七)には開府以来の出水に見舞われる。寛延四年(一七五一)四月、大地震が起こり城下の所々に水が湧き、泥砂が吹き出し、城郭・大手門・蹴出門が倒れ、土居が崩れ、侍屋敷・長屋が大破し、市中も大損害を受け、死者・怪我人を出した。さらに、火災も発生しこれによる死者、建物の焼失も大きかった。復興に当たって、幕府から一万両の借用金を受けた。

▼実高
実生産力を示す高。

▼丈杭
積雪量を測る杭。

藩主の入れ替え一件

榊原家九代は、七歳の幼い藩主が継ぎ、高田に移った三年目の延享元年(一七四四)十二月藩主は急死した。藩の主立ちは、死んだのは弟の富次郎だった事にして、富次郎を小平太と入れ替えて、藩主の死を秘した。

榊原家の記録「嗣封録」には、九代政永の項は「享保二十乙卯年十月二十八日、播磨姫路に生る」と共に「一本御系★、実は元文元丙辰六月朔日姫路に生る」という記事がある。一方、富次郎の項には「一本御系、実は熊千代政純」、「元文元丙辰生る、実は享保二十年乙卯十月二十日姫路に生る」、「延享元年甲子十二月死去、行年九歳深川霊巌寺に葬る」と記している。

両者の生年月日について主記事と一本御系記事とが入れ替わっている。政永は、実は元文元年(一七三六)生まれ、弟富次郎とされる人は実は享保二十年(一七三五)生まれ、延享元年十二月に死んだと打ち明けている。二人の幼名は小平太は熊千代、富次郎が富千代である。

この間の事情について、家老原田権左衛門が残した記録に、「延享元年十二月小平太政純様が病気になり、同月十一日死去された。跡継ぎもなくお家存続に関わる問題である。

▼一本御系
系図。

▼情け深いお考え
当時、お家断絶を避けるため、大名・旗本の子弟の年齢を若干多めに届ける事はしばしば行われていた。当主が一七歳以上五〇歳以下で急死した時、継嗣が定まっていなかった場合には末期養子と称して急な相続が認められていた慣行に準拠した措置とも解せる。

そこで中老達や親類三人と相談し、酒井雅楽頭・青山因幡守の御内意を得て、小平太様と弟富次郎様を取り替えることにした。これは、近年、大御所様（吉宗）が功績のあった家が断絶するのは不本意であり、幼少の者などは、年齢を変えたり人を取り替えても無事に相続が行われるのであればよいという情け深いお考え★であるとの事なので、それにすがろうとしたのである」と見える。

政永は、名をたびたび、改めていることで知られる。富次郎が、兄の小平太と入れ替わり、家督を相続すると、延宝二年（一六七四）に政従と改め、翌年には、忠宝、宝暦六年（一七五六）には政次、次いで同十年には政一、寛政元年（一七八九）六月に政永と改名した。文化四年（一八〇七）十二月十八日、七三歳で没した。高田藩主としては在任期間は長かった。

政永は学問を好み儒者を招いて講義を受けてきた。芸術についても関心が高く、自身も画筆をとり、「花籠牡丹の図」★が榊神社雙輪舘に伝えられる。作品は装飾風であるが、丁寧に描かれている。

財政難とその対処

榊原家は高田に転封すると、翌年九月、貢租の不足によって全藩士に対して給禄の借り上げを行い凌ぐこととした。初めは「暫《しばらく》」としていたが延長され、借

「花籠牡丹の図」

▼「花籠牡丹の図」
画面の左下に「政次」と見える。昭和二年（一九二七）に村山紀一郎、榊神社に献納。

り上げ状態は定着化した。明和二年(一七六五)には、土地を給付される知行方と禄米を給付される切符方の藩士に支給される給禄は、二割に過ぎず、八割は藩主による借り上げであった。そのため、補助として盆暮れに手当米が支給されることもあった。また、役職に応じて給禄を支給する役高制を導入し勤番の人員を減らし、勤めの時間を制限した。★安永八年(一七七九)には、藩主は経費のかかる城中に住まないで城外の対面所に住み、恒例の行事や儀式のときのみ城中に入ることにした。

財政赤字に苦しんだ藩は、領民に借金したり、諸産物に新規に小物成を課したり、営業に課す「冥加」・「運上」の高を引き上げたりして収入の途を開かねばならなかった。さらには、一年後あるいは数年後の分の「小役金」・「小物成金」などを前借りした。これらは「先納金」と言われた。公儀役向き、災害復興など特設、臨時に関わる出費の調達については、領内の有力者から「御用金」・「才覚金」あるいは「お頼金」などの名目のもとで臨時に課した。下表は、「御用金」と「才覚金」の概要について対照したものである。

御用金調達に際しては、大肝煎、年寄、年番、惣代などが城中に呼ばれ、「演説」と称する覚書が渡され、その後、酒や鴨の吸い物で供応された。鴨は堀にいたものであろうか。三家老領では、年々の才覚金・

▼勤務につかない冗員は「大休」と称され、長期の非番とされ、手当の支給もなかった。

御用金・才覚金の比較表

	御用金	才覚金
目的及び理由	主として公儀役向費用火災などによる建築費など理由の明確なもの	御用金に付随するものか、藩費・藩主の入費を賄うもので、急場を凌ぐもの
金額	3,470 ～ 50,000 両、高額なもの	1,000 ～ 3,000 両
賦課 出金者	高掛、棟掛	大肝煎、年寄など村町役人、御用達、その他有力者などを指定
方法 納入	2 ～ 4 回	2 ～ 4 回（急な際は 1 回） 月割才覚金は 7 ～ 9 回
賦課範囲	御領中・奥州・今町・高田（御町）	同左
利子	なし	あり（年／1 割 2 分～ 1 割 5 分、特別なものに月 2 分 5 厘）
期間	5 年～ 15 年賦返済	原則は 1 年、小物成金、収納金で返済、年賦返済にしたものもある
調達方法	大肝煎、年寄、年番、惣代などを城内に招集、演説と称する覚書を交付し、酒、吸物を供応する	領奉行役所に招集（以下：同左）

『高田榊原藩治政史』新潟県社会教育研究会編（昭和 52 年 10 月刊）

先納金の増大について対処するため、一括して領主側に渡すのではなく毎月金額と使途を明示させ、必要なものであり、認められる費目であることを確認して渡すことにした。★

天明二年(一七八二)、藩は幕府に請うて無利息二十カ年賦返済の条件で一万三千両を借り、幕府への勤めは五万石格となり、寛政元年(一七八九)旧格に復した。

高田藩は、実高は少なく加えて災害にも見舞われ財政が逼迫していたためか、「国替の熱望は燃ゆる如く、村替の運動は入封以来、明治二年まで止まざりき」と、旧『高田市史』に見えるが、国替え運動は公然と行われたものではない故か、旧市史以外に拠るべき史料は見当たらない。その後も幕府に対して頸城郡の村々と奥州領の村々との村替えの嘆願がなされてきたが、さしたる進展はなかった。

村替えは、文化六年(一八〇九)に実現した。陸奥国田村郡・石川郡・白河郡の領知五万石を頸城郡内で同高で与えられ、陸奥国の旧領は幕府領として高田藩に預けられた。このときの村替えは、藩からの嘆願の結果というよりも、領内の海岸防備、佐渡の海防を課せられたことに伴うものと考えられる。

▼入用金として、正月・二月の生活費、五節句入用、衣服代、除雪費、おみね様病気入用などがあった。

榊原家当主一覧

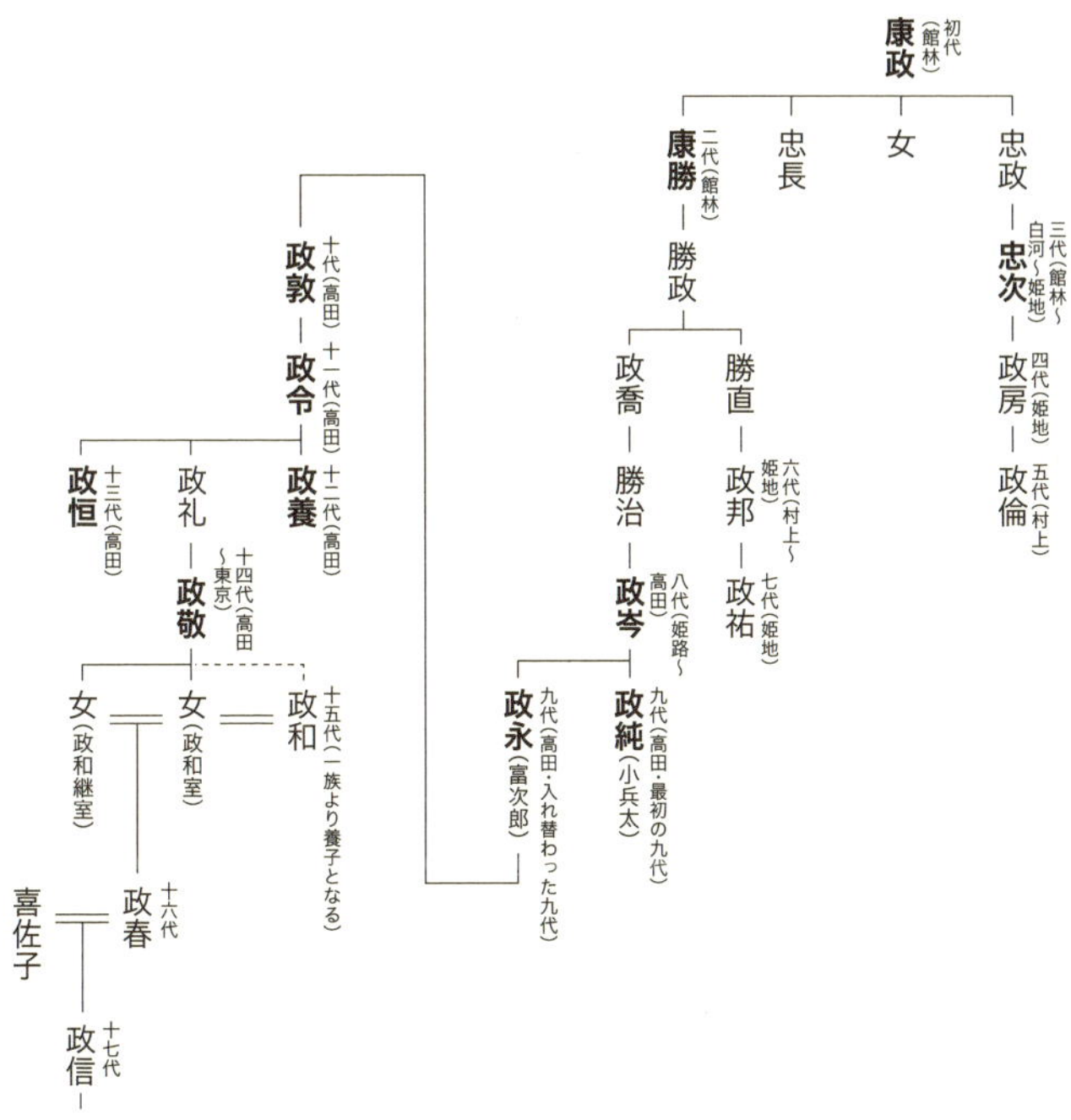

代	当主	生没年月日		城地	石高
初代	康政	一五四八年～一六〇六年五月十四日	五九歳	上野国館林	十万石
二代	政勝	一五九〇年～一六一五年五月二十七日	二六歳	上野国館林	十万石
三代	忠治	一六〇五年～一六六五年三月二十九日	六一歳	館林・白河・姫路	十→十一→十四→十五万石
四代	政房	一六四一年～一六六七年五月二十四日	二七歳	播磨国姫路	十五万石
五代	政倫	一六六五年二月一日～一六八三年二月二十七日	一九歳	越後国村上	十五万石
六代	政邦	一六六五年九月二十一日～一七二六年十一月十四日	五二歳	越後国村上	十五万石
七代	政祐	一七〇五年五月二十一日～一七三二年八月二十九日	二八歳	播磨国姫路	十五万石
八代	政岑	一七一五年五月十九日～一七四三年二月十七日	二九歳	播磨国姫路	十五万石
九代	政永	一七三六年六月一日～一八〇七年十二月二十九日	七二歳	越後国高田	十五万石
十代	政敦	一七五五年八月二十八日～一八一九年二月二十四日	六五歳	越後国高田	十五万石
十一代	政令	一七七八年三月八日～一八六一年六月二十九日	八四歳	越後国高田	十五万石
十二代	政養	一七九八年一月二十五日～一八四六年八月二十一日	四九歳	越後国高田	十五万石
十三代	政恒	一八一三年十二月十六日～一八六一年八月十二日	四九歳	越後国高田	十五万石
十四代	政敬	一八四五年二月～一九二七年三月七日	八三歳	越後国高田	十五万石

最初の九代・政純（小平太）の生没年月日
一七三五年～一七四四年一二月　一〇歳没

④ 幕末激動期の高田藩

譜代藩として将軍上洛の供奉、長州出兵の先鋒として藩主を先頭にその任につく。時代の急展開により、朝廷への忠誠と幕府への恩義の狭間に立たせられ藩論は揺れ、藩士の行動も分かれる。維新後、会津降人を預かるも、礼節と厚情で遇した高田人が光る。

将軍上洛の供奉

文久元年(一八六一)六月、隠居後も実権を握っていた榊原政令《まさのり》が死去し、続いて八月に十三代政愛《まさちか》が死去し、政愛の甥で養嗣子となった政敬《まさたか》が十四代、最後の藩主となった。

幕末の混乱した政情の中、高田藩主は、将軍の先手を務める家柄として上洛のお供や出陣を務めた。公武合体策を進めるため、文久三年二月、将軍家茂《いえもち》が上洛するとそれに従って上洛した。六月、家茂に従って一旦、江戸に戻ったが、十二月、家茂の再度の上洛の先発として再び京都に入った。翌元治元年(一八六四)六月、上洛供奉の任を果たした政敬は江戸に帰り、初入国のため高田に向かった。その道中の桶川(埼玉県)において、幕府から長州出兵の内意を受け、江戸に呼び戻された。八月、政敬は、庄内藩酒井家と共に長州藩攻撃の旗本先鋒を命じられた。

十月には一族の榊原丹波隊をはじめ藩兵は江戸に入って出陣命令を待った。長州藩への攻撃（第一次長州戦争）は、長州藩が謝罪したため元治二年一月中止となった。そして三月、藩主として初めて高田に入った。初入国の諸行事などに追われている中、長州では新兵器を調え軍制の改革を進め軍事力の強化を図っていた。

第二次長州戦争に出陣

幕府は、長州藩に不穏な動きがあるとして、慶応元年（一八六五）四月、家茂の進発を布告した。高田藩は、彦根藩と共に旗本先鋒を命じられ、直ちに部隊の編制に入った。部隊編制は先備の左備が原田隊、右備が中根隊、後備が榊原丹波隊、総大将の藩主政敬は、中央で指揮をとる伝統的な四隊編制であり、兵の総員はおよそ四五〇〇人であった。兵員の中には町人や農民から募った新兵も含まれていた。砲術こそは高島流であったが、主たる武器は槍や刀であった。

五月十一日、先発が出発し、十三日に藩主及び諸隊が発ち、北陸道を経て五月下旬に大坂に着いた。大坂では大坂城に入った将軍の前衛となり兵庫において守りについた。十月、将軍家茂は参内して長州再征の勅許を得て、戦闘態勢を整えた。

十一月、軍議が開かれ長州への進攻は、五方面からと決まり、諸藩の部署が定

長州征討出陣の図（榊神社　雙輪舘蔵）
（馬上の人物は藩主政敬、揚州周延（橋本直義）画）

められた。高田藩は芸防国境（広島・山口県境）の小瀬川を渡って芸州口から攻め入る手筈となり、十二月初旬に海田市《かいだいち》（広島市の東隣）に着き年を越した。

慶応二年五月、幕府は、長州に最後通告を発してこれに応じない場合、六月五日を期して攻撃することを布告した。戦いは、幕府軍艦の大島口の屋代島攻撃により開始された。高田藩の作戦は小瀬川に沿って進み、和木村を攻め、山県狂介（有朋）が守る岩国城の攻略であった。十四日、小瀬川口に着いた高田藩は、夜明けを期して進撃するため待機していたが、長州勢の夜襲を受けて敗退した。この戦いにおいて砲術家加藤金平を失った。次いで、作戦の場を宮内村方面に移して捲土重来を期することとなった。八月二日、長州勢の陣地を占領することができた。だが七日早朝、濃霧と豪雨の中で長州勢の襲撃に遭った。藩の鉄砲隊もこれに応戦したが、疲労と雨による鉄砲の不具合で敗退せざるを得なかった。これより前、七月二十日に将軍家茂が病没した。これを機に幕府は長州と和議を結び、戦いは終わった。高田藩は藩主以下大坂に集合し、再び北陸道を経て十月、一年半にして帰還した。

長州再征における高田藩の戦死者は藩士では原田帯刀以下二三人、軍夫が町村清八以下一二人で計三五人に上った。これらの人々は戦地の広島県安芸郡海田町の明顕寺に葬られ、碑が建てられた。碑名の書は、藩中の書家中根半嶺による。戦役五十年後の大正四年（一九一五）七月には、金谷山の藩士の墓地に旧藩士の有志らが、「高田藩士慶応丙寅戦死之碑★」と題して、碑面に戦死者の英名を刻んだ碑を建立した。

◆慶應丙寅戰死者石碑之圖

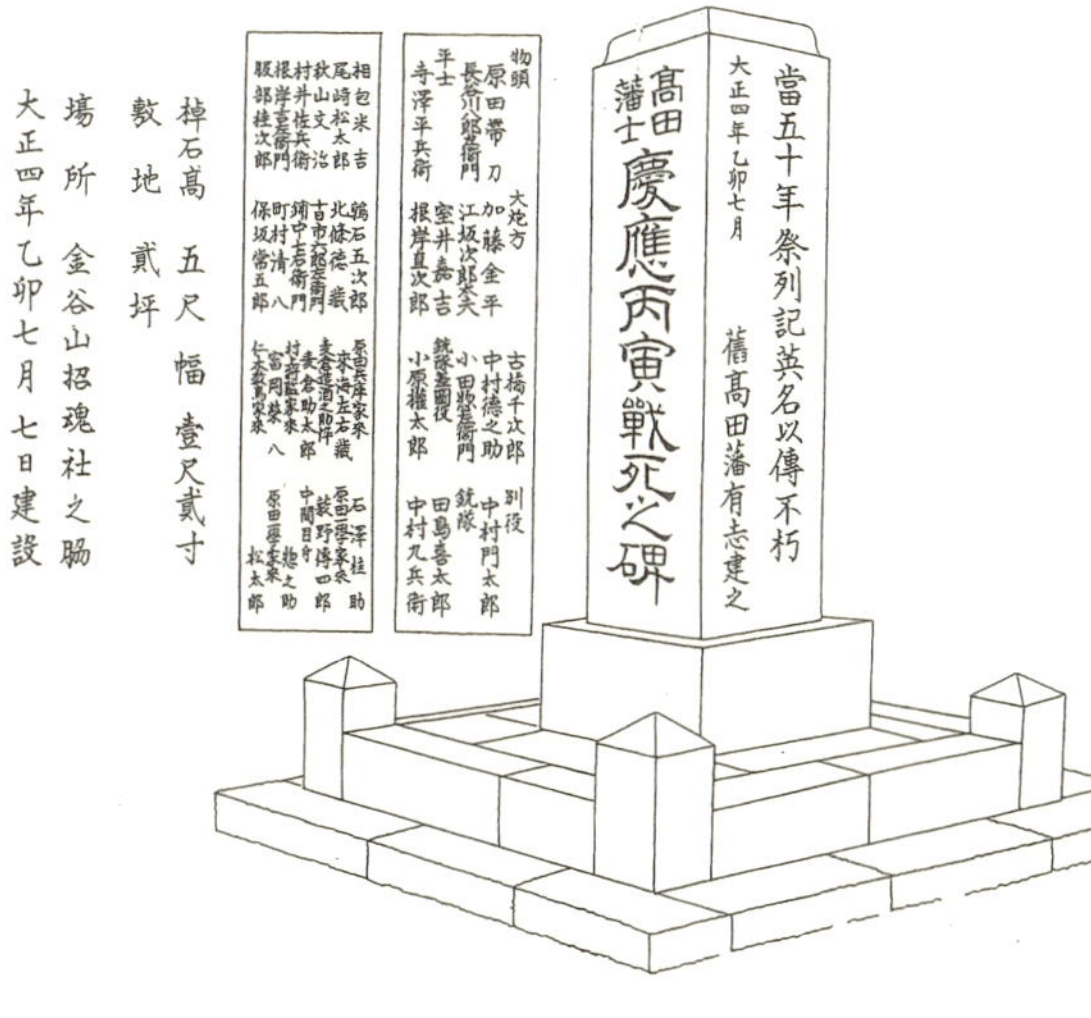

討幕政権成立と悩む高田藩

統制力が弱化した幕府は、慶応三年(一八六七)十月、将軍徳川慶《よし》喜《のぶ》の大政奉還以後、王政復古からさらに鳥羽伏見の戦いへと進むにつれ、全国政権の地位を失い、一大名からついに朝敵へと追いやられた。

高田藩は、大政奉還後も大老を大坂・江戸へ情報収集のために派遣した。鳥羽伏見の戦いの後も朝廷と幕府間の周旋をすべきであるとの方針をとってきた。藩主自身も慶喜を補佐し時局の転換を図るため北陸路を大聖寺まで進んだが、将軍慶喜が大坂城を脱出して江戸に帰ったとの情報が入り、今後に対処するため高田に戻った。

幕府は政治の実権を失い、一方、朝廷側勢力の行方も分からない中、高田藩は、幕府の恩義に報いながらも自藩の存続を図る方策を求めた。この理念に基づいて策定したのが「哀訴諫諍《あいそかんそう》」である。具体的には、朝廷に対して徳川家存続を願う「哀訴」を、慶喜に対して朝廷に謝罪するよう諭す

「諫諍」を行うというものであった。

この哀訴諫諍は、藩主から大・中老に示され、さらに慶応四年一月二十五日、藩士及びその嫡子も含めて総登城させ意見を求め哀訴諫諍が藩是として決定した。直ちに哀訴書と諫諍書を儒者東条琴台に起草させ、最終的には側用人川上直本が目を通して完成させた。哀訴書の提出は大老中根貞和・中老清水広博に命じられ京都に向けて出発した。一方、諫諍書は大老竹田信順・側用人生田有鄰に提出が命じられ江戸に出立した。なお、政敬は朝廷に勤皇の意志を伝えてきた。しかし、当時、朝廷では各藩の立場を「勤皇・朝敵・不審」に分けて対応を図っていたことから、朝廷側、徳川側双方に配慮した藩是は、不審として見られ、高田藩を苦しめることになった。

古屋隊の領内通行一件

北陸道鎮撫総督高倉宮の一行は、高田に五日間滞在して、越後諸藩の新政府への忠誠の誓いを受けた。

一行が江戸方面へ去った後、越後の不穏な状況は強まった。幕府歩兵連隊の頭取の古屋佐久左衛門が組織した古屋隊が、会津経由で越後に入り、四月十五日出雲崎まで進み、高田藩へ信州入りの行軍予定書を送ってきた。そこには、柿崎及び高田での宿泊が示されていた。藩は、大老竹田、側用人川上を派遣し、柿崎に入ってきた古屋隊との交渉に当たらせた。

朝廷への忠誠と幕府への恩義との両方を立てようとする立場からすれば、古屋隊の要求を拒否、阻止するのが筋ではあったが、藩内の佐幕論に配慮して高田城下を通過させ、新井に宿泊させ、粗暴な行動を取らないよう誓約書を取るのが精一杯であった。

古屋隊はさらに飯山へ進軍し二十五日には尾張・松代・飯山藩兵と戦い、死者を出して新井に退却した。やむなく高田藩は古屋隊を新井別院に宿泊させ、翌日、幕府領の川浦代官所へ移動させた。古屋隊を追って尾張・松代藩などが高田藩の動きに対して話し合いを求めてきた。藩からは中老滝見直春、川上直本らを派遣して経緯を知らせ弁明した。★この間、高田藩は二十六日、古屋隊を急襲した。思いもよらない高田藩の攻撃を受けた古屋隊は安塚を通って小千谷方面に逃げた。

二十七日、尾張藩・松代藩は高田藩の古屋隊に対する一連の扱いを糺《ただ》すため「糺問所《きゅうもんじょ》」を設けて藩の代表を呼び出した。高田藩は、古屋隊を領内に止めたことは、その処置について指示を受けるためであり、古屋隊の飯山進軍は、同隊の約束違反行為であったと主張した。結局、この不審は、古屋隊を追討したことが認められようやく解かれたが、この事件を契機に高田藩は新政府軍に組み込まれ、勤皇の立場を明確にするため、新政府軍の先鋒として戦うことを余儀なくされた。

▼同会談は「新井談判」と呼ばれる。

戊辰の役を風刺した「おもしろぶし」に、当時の人々の気持ちがよく表れている。

一つとせ、人の心も知らずして
　一度に寄せ来る信州方
二つとせ、深い金子の用意なく
　六文銭にて長逗留
三つとせ、みんな一度に押《おさ》ばとて
　てこでも動かぬ源氏車
（『高田市史』第一巻より）

北越戊辰戦争に従軍

高田藩は閏四月六日に一族榊原若狭隊を大島口に出陣させ、十三日には谷根口に大老村上彦太郎隊、黒岩口に同伊藤弥惣《いとうやそう》隊、鉢崎口に同竹田十左衛門《たけだじゅうざえもん》隊を出陣させた。

若狭隊は大島口から魚沼郡千手に進み同月二十六日に尾張・松代藩兵と共に雪峠で会津藩兵を破り小千谷に入った。翌日、村上隊・竹田隊は、薩摩・長州両藩兵などと共に鯨波で桑名藩兵と戦いこれを破った。その後、村上隊は出雲崎方面に進み、竹田隊は妙法寺村から長岡に向かい宮本村に宿陣した。伊藤隊は柏崎を経て小千谷に向かった。

柏崎と小千谷を占領した新政府軍の次の目標は長岡城であった。新政府軍は、長岡藩の主力が長岡の榎峠奪還に向けられている間に洪水で増水した信濃川を強行渡河して長岡城を落城させた。しかし、長岡・会津の列藩同盟軍は、その後二カ月にわたって抵抗を続け、一時は長岡城を奪還したが再度落城した。この間、大黒新田（長岡市）においては、若狭隊の隊長、榊原若狭をはじめ多数の戦死者を出すという激しい戦闘も展開された。

長岡城が陥落すると戦場は会津に移り、一カ月に及ぶ激戦が繰り返された末、九月二十二日、会津藩は鶴ヶ城に白旗を立て降伏し、二十九日には、高田藩大老中根貞和が城請取人を務めた。十月、高田藩各隊は帰国した。

「釜子隊」、「神木隊」

高田藩領釜子陣屋の藩士は、高田との連絡が取れないまま、奥羽列藩同盟の勢力圏にあったため、釜子隊を結成し幕府方に加わり、会津の戦場においては同藩でありながら敵味方という立場に立たされた。釜子陣屋に隣接する長伝寺境内に「戊辰戦役戦死者集霊供養塔」と記した碑がある。★

江戸詰めの高田藩士は、佐幕の志が強く、彰義隊が結成されると脱藩して神木隊を組織しこれに加わった。隊の名は榊原の「榊」の文字を分けて「神木」とした。当初、彰義隊は江戸市中の警備についていたが、新政府の大村益次郎はその任を解き、上野山中の彰義隊を攻撃して一日でこれを平定した。この戦いで神木隊員一六名が戦死した。

上野の戦いで敗れた神木隊は、榎本軍に加わり戦い続け、明治二年(一八六九)五月十八日、箱館の五稜郭の戦いを最後に降伏した。これにより戊辰戦争は終わった。東京都豊島区南池袋の本立寺に「神木隊戊辰戦死之碑」がある。

▼碑の裏面に、「明治戊辰夏五月戦死於白河士三人秋八月戦死於会津士三人及卒三人軍夫八人今茲己巳冬十月勤姓名及法号石聊慰幽鬼長傳寺現住龍山謹誌」とあり、右側面には、戦死者の氏名、法号及び行年が記され、厳しい戦いぶりが偲ばれる。

「神木隊戊辰戦死之碑」本立寺(東京都豊島区南池袋)

会津降人の高田謹慎

明治元年（一八六八）十二月、新政府は、高田・松代藩に対して婦女子を含めた一万人以上の会津降人★を預かることを命じた。預かり人諸手当として三万石を給すとのことであった。両藩とも藩力を超えた命令として免除を強く嘆願した。松代藩の願いは認められたが高田藩については婦女子の預かりは免除されたものの、男子一七四五人★を預かることとなった。

明けて同二年の新年早々、降人は高田に送られた。高田藩では、降人を収容するに当たって高田別院をはじめとする寺町の六〇カ寺にも及ぶ寺院に分宿させることとした。なお、降人は、これらの寺院を「下宿」と称した。

高田藩は、これら降人の受け入れに当たって、「御預人モ長ク砲烟弾雨ノ中ニ奔走シタル壮年輩、俄ニ徒食スルハ戦時已上ノ苦痛ナラム。僅カニ慰スルハ只三食アルノミ、而モ免除ノ期モ計リ難キ場合之ヲ遇スル上ニ於テ、豈冷然黙過スルコトヲ得ンヤ★」と、相身互いの立場で手厚く遇した。

この降人への出費は、受け入れ準備と当初出費だけでも一万六八四三両余に上っている。これに一人当たり三人扶持（一人扶持は一日に玄米五合）を支給していたので高田藩にとっては大きな負担となった。しかも預かり手当とされた三万

▼会津降人
高田藩が新政府の命により高田の諸寺院で預かっていた、謹慎させられた会津藩士。「降人」の名称は、新潟大学教授阿部義雄著の『会津藩士の越後流亡日誌』の「高田謹慎所の会津降人達」による。

▼資料により異同あり。
高田藩の藩士数は、版籍奉還の時点において一八七九人であり、降人預かり数とほぼ同数であった。

▼『高田藩維新処置大要』による（上越市立高田図書館蔵）。

石は与えられず、新政府軍への用立金が返済されずに藩財政は窮乏の度を深めていった。

このような事情から高田藩は、約束の三万石の支給、降人の他藩への分配などを嘆願してみたものの受け入れられなかった。

九月末日、藩の幹部から内々、「会津藩再興の日が近い、支出を抑え蓄えに心掛けるべし」との指示がなされた。続いて十月六日、会津藩士全員が、高田別院に招集され、「滅藩処分は避けられたものの挙藩流罪の処遇」が告げられた。これにより高田にあった降人はもとより、会津や東京にあった者も青森県下北半島の斗南に移住せざるを得なかった。翌三年五月、高田にあった会津降人は、およそ一年半に及ぶ謹慎生活が解かれたが、会津に立ち寄ることは許されず、新天地の斗南の地に直行した。敗者の側に立った維新であった。

残念ながら謹慎生活と、それに続く明治五年までに死亡した会津藩士は六八人に及び「会津墓地★」に葬られている。

▼会津墓地
会津藩士の墓は、高田城下西方の金谷山頂に通ずるレルヒ・ロード沿いにある。墓地の規模は、東西約一六間半、南北一三間半となる。

藩札一件(赤札事件)

藩札は、藩の収入不足を補うために、専売制や富豪な商人の信用を背景に領内の紙幣として流通させたものである。

高田藩では明治元年（一八六八）十二月から発行し流通させた。他藩の発行に比べて発行が遅いのは、藩内には商人に藩札を引き請けさせるだけの専売収入も年貢収入もなかったことによる。高田の藩札は切手または国札と呼ばれ、藩の信用だけの不換紙幣であった。高田藩は、戊辰戦争により財政が欠乏し、収入不足を補うために銭札三〇〇文・同一貫文・金札一朱・同五両などを発行し、翌二年には、銭札三貫文・同五貫文・同一〇貫文を発行した。

贋札が二回も出たため、新札を出して引き換えたり、回収して朱印を押したりして流通させた。新札の紙は白であったが赤っぽく見えたので赤札と呼ばれた。

政府に届け出た発行高は一五万両余であったが、結局、明治三年までに二四万八〇〇〇両余を発行した。明治政府は、超過分九万八〇〇〇両の処分を命じ、発行済みの藩札を政府発行の太政官札に交換する期限を明示させた。これを受けて藩は余分の藩札を裁断し、印刷機を封印した。

ところが、廃藩置県後の柏崎県で旧高田県の藩札を整理したところ、規定額一五万両よりも一万三〇〇〇両以上余分に発行されていることが分かった。取り調べたところ、高田藩会計方が規定額より三万両多い藩札を製造して貸し付けて利息を取っていたことが判明した。犯行の旧藩士八名は、六年三月、逮捕されそのうち一人は割腹自殺をした。残りは柏崎県に護送されることになった。旧藩の責任を問われる重大事件であった。旧大参事らは、藩主に責めが及ぶことを恐れた。

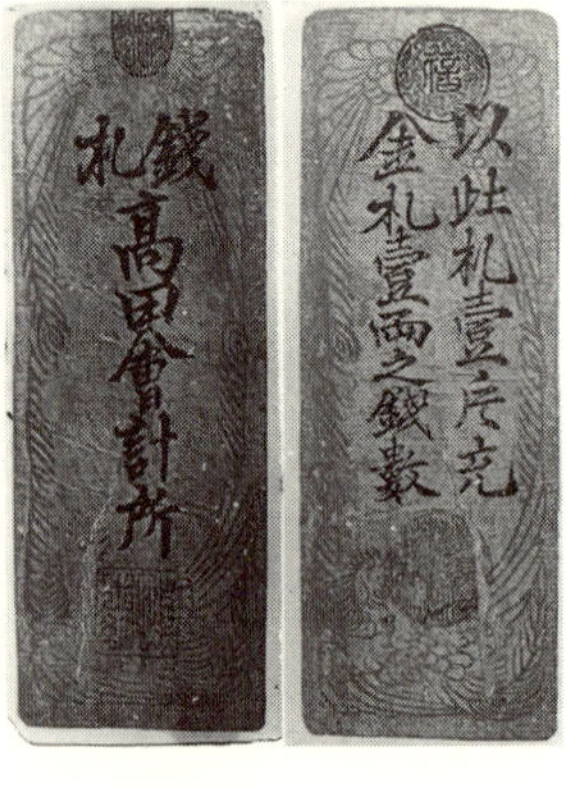

高田藩札（左＝表、右＝裏）

その後、柏崎県を合併した新潟県が事件の処分を任せられた。県令楠本正隆は、旧藩主の新政府への忠誠と功績を評価し、今さらその責任を問う必要はないと判断して寛大な処置をとった。これに携わった者達については、禁固七〇日の刑に止められた。

戊辰戦争に翻弄された旧高田藩に対して、新政府は、寛容な姿勢を示すことによって人心の収攬を図ったものと見る向きもある。

これも高田

会津降人の生活管見

会津降人の生活について謹慎者の記録で見る。会津降人が高田に到着した日の荒川茂勝の日誌に、「昼ヨリ御賄ヒ下サル、皿（香物、数ノ子）汁（豆腐、フシ）。夕御賄、平（蒲鉾、干物）汁（大根）皿（イカ煮付、煮しめ）御酒下サル。又風呂設有之候事」、「壱人前左之品々御渡ニ相成候、箱膳一、汁椀一、皿二、蓋茶碗一、椀フキ、箸、下駄、布団、敷布団、枕。十人位ニ御渡シ品、箱火鉢四、炭取一、土瓶二、提灯二、椀洗桶一、手水一」と見え、藩の準備の様子が窺える。二月に入ると凡そ一〇人を一組とした自炊生活が開始され、藩から各自に、「米桶一、蓋付汁桶一、片手桶一、水桶一、俎一、味噌桶一、手提一、包丁二、ザル一、米ザル一」と、一〇人一単位に、「一斗鍋一、五升鍋二」が支給され、風呂一式が四、五人を単位として渡されたと、荒川は日誌にとどめている。

会津降人は、謹慎生活であっても学問、芸能に関して時を費やすことができ、外出も許されていた。「荒川日誌」（三月の項）には「一日長楽寺ニテ茶道、二日天林寺ニ招カル、三日茶ノ湯相催、十三日茶道、十五日書画会ニ招カル、十九日長楽寺ニテ茶道、二十三日長楽寺ニテ茶道」とある。学問については、南摩羽峯の経書の講釈が行われ会津藩士のみならず高田藩士や近在の好学者も集った。

会津降人の高田謹慎中に死亡した者は、高田藩から指定された寺院によって弔われ、会津墓地に葬られた。

死亡者の発生状況は、時期や収容寺院などに集中性が認められない点からして、伝染病によるものでなく心身の衰弱が基底となって病気に罹ったり栄養失調で死亡したものと思われる。このことは、「藤沢内蔵丞日記」において、「（二月）十八日江川次郎八俄かに死ス」、「（六月）廿二日吾妻重太郎死衝心ニ而」、「（六月）廿九日下司三郎脚気衝心ニテ病死」、「（七月）九日大戸大治郎病死脚気ニ而」など「脚気・衝心」による死亡が記されている。自炊生活においての栄養の不足や偏りが大きな要因であったものと思われる。なお、藩からの支給米は、丁寧に搗り上げた白米であったならば、脚気を招来する危険性を内包していたことは否めない。

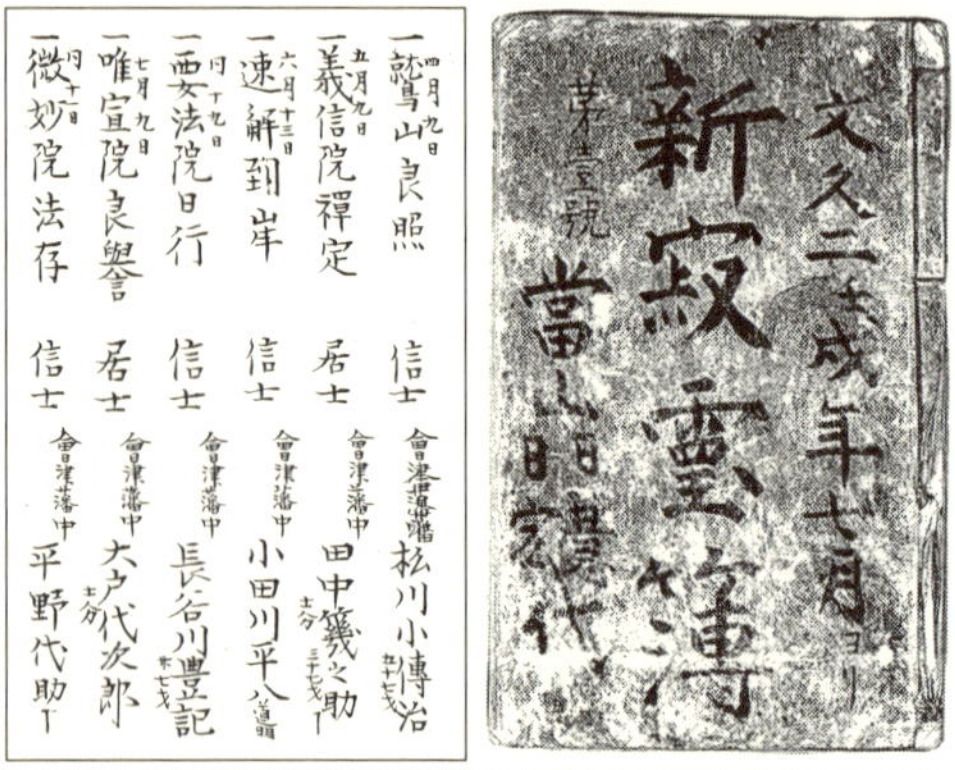

法顕寺（市内大町四）の過去帳「新寂霊簿」。謹慎中に死去した会津藩士の俗名、法名を止める

第三章 高田藩の産業開発

米作りを軸に水田開発に努め、酒造りや伝統の技が今に引き継がれる。

① 苦難に耐えての領国開発

松平忠輝の越後支配は、慶長十五年(一六一〇)から六年半であったが、産業開発を治世の中核に据え地味ながら成果を上げていた。松平光長時代、用水開削が進められ水田が開かれ、直江津港改修、関川整備により水運が進み、銀山の開発も行われた。榊原家時代の高田藩は頸城郡の一部の支配に止まり、広域的な開発ができず、後々の経済活動の進展に多大な影響を与えた。

領内の安定にむけて

戦国時代は重税や凶作、社会不安のために土地を捨てて逃げ出す農民も多かった。

旧高田市役所より約二・五キロ北方に藤巻村があるが、その地の古田畑が荒れ地になっていた。忠輝は慶長十九年(一六一四)にその再開発を命じ、新開した場合、三年間年貢諸役を免除し、新規入植者は家役を免除することにした。三年後、検地の結果、一八〇石の田畑が登録されたが、そのうち、八〇石は諸役を免除した。荒れ地を自己負担で開発したことに対しての優遇措置であった。

堀氏時代には本善光寺（今善光寺＝現下門前）が交通の要地であったため、開発を進め民戸を設け新町となるよう望み次第に家を建てさせ、「諸役」を免除した。

このような事例は、城下に近い地域であるが、山村の荒廃地にも目が注がれていた。

特産品、青苧・塩に注目

松之山村では、農民が「くたびれ」の事由で逃げ出し空き家が目立った。堀氏時代の慶長十二年(一六〇七)十月、空き家分の青苧《あおそ》代銀三〇〇匁を翌年から免除するとした。忠輝は同十六年、その政策を引き継ぎ新たに農民を入植させ、耕地を開いて青苧を植え布を織らせて年貢を徴収することができた。注目されることは、年貢の残余は、「有様《ありよう》のね」(相応の値段)で売り捌いて現金を得させたことである。商品作物の栽培で生産意欲の向上を図るきざしと見てよいのではないか。

塩の生産は、上杉氏時代から行われ、「敵に塩を送った」との故事が伝えられる。塩業は、堀氏時代に引き継がれ、専売制が導入された。

忠輝時代に入って慶長十五年、居多《こた》神社に対して新田開発と共に、塩浜開きの免許を与え、居多新町の町立てを許した(「居多神社文書」)。また、能登国石動の住民を招致し直江津今町において塩屋新田村を立て塩浜稼ぎをさせたりして生産の向上に努めた。

大規模な新田開発政策

光長時代には、新田開発が盛んに行われ、結果、頸城郡においては、新田《しんでん》・大道・大瀁《おおぶけ》の三郷が新たに生まれ、以前からの郷が分割され一五郷八谷となった。★新設された三郷のうち大瀁郷は、東部の丘陵地と北部の日本海沿岸に沿って伸びる潟町砂丘と南部の保倉川に挟まれた沼湿地で「大瀁野谷地」と呼ばれたこれまで開発の手が及ばない地域であった。なお、「瀁」とは、湿地や深い泥田を意味している。新田・大道の二郷は関川下流の右岸一帯に位置し、大道郷は「荒川大川端」とも呼ばれた。

広大な低湿地であった大瀁郷に開発の手が入ったのは、寛永十五年(一六三八)頃であり、三期にわたった開発が終了したのは約四十年後の延宝六年(一六七八)であった。この三期分を合計すると、開発高は一万六千四百五十六石余りに達し、高田藩領二十五万石の約六・六パーセントに及んだ。

三期にわたる工事の概要は次のようになる。

第一期は、横川村(浦川原区)で用水を取り入れ、鵜之木を通り福島を通し残水を保倉川へ落とした。この用水により三五カ村が成立し、新開発高は七千五百七十五石に上った。

▼頸城郡における「郷」
上板倉・下板倉・武士・山五十公・里五十公・松之山・津有・高津・大崎・下之郷・上美守・下美守・新田・大道・大瀁・保倉谷・川西谷・根知谷・西海谷・早川谷・能生谷・名立谷・桑取谷

第二期は、第一期の開発村と潟町砂丘の間の沼地に排水路を掘って開田すると共に、砂丘の南裾に沿い潟川という排水路を掘り保倉川に落として安定を図った。正保三年(一六四六)に始め、明暦元年(一六五五)に完成し、新開発高は四千三十六石余となった。

第三期は、大潟新田開発といわれ、第二期開発の北東部の沼沢地帯を潟川をさらに掘り下げ、低湿地には土を搬入する方法で行われた。工事の途中、寛文五年(一六六五)十二月の大地震で潟川の護岸が崩れ、それにも対応せねばならず工事の進行に苦しんだ。

当時、保倉川は福島近くで北に大きく曲がり日本海に注いでいたため、流量の多い時は逆流して上流部においても増水することがあった。そのため潟川を一直線に西に向け関川に落とす河道の改修工事を行ってようやく排水も良くなった。

大道郷は、慶安元年(一六四八)から開削された大道用水により開かれた。大道用水は、本長者新田（長者町）地内で別所川を松之木堰で堰き上げて水路で櫛池川へ導いて落水させ、さらに子安台堰及び樋場堰で堰き上げ、関川右岸に引水して、櫛池川から保倉川までの間の関川右岸沿いに南北に広がる未開発地を開いた。開発地は一七新田、一四四〇石余りであった。この開発は請負新田であり、新田開発請負人には検地の後、分一米（一〇分の一高）が与えられた。

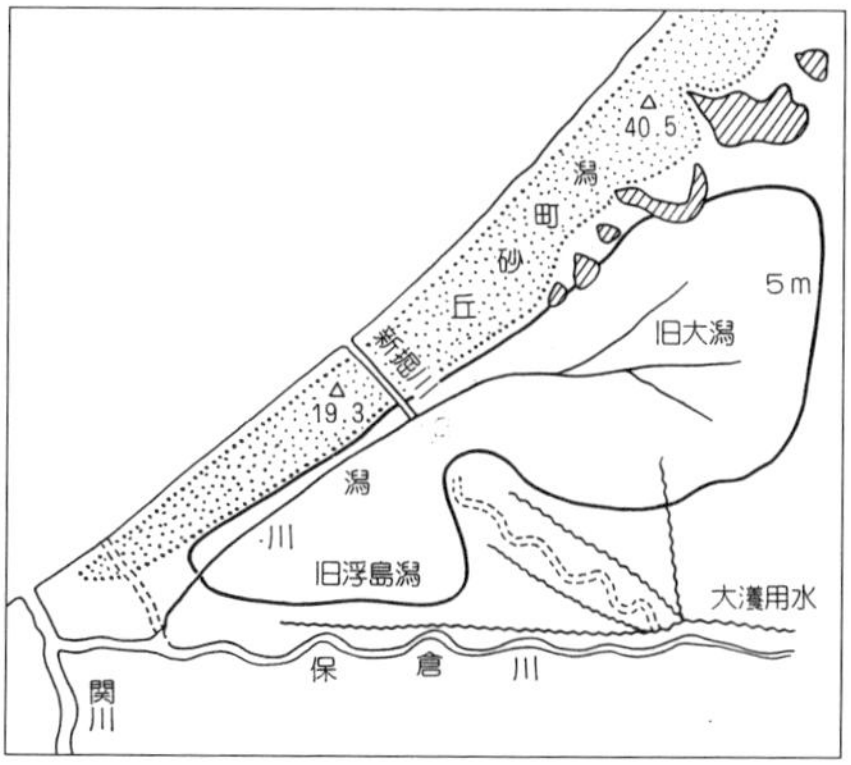

五メートルの等高線で結ぶ大瀁地区の略地図

上田銀山

寛永十八年(一六四一)夏、折立村（魚沼市湯之谷区）の百姓星源蔵が阿賀の川端高ハゲ山で銀山を発見し、高田藩に注進した。藩は幕府に届け普請の認可を得て準備に取り掛かったが、同十九年四月、銀山は会津藩領であると幕府に訴えがなされた。

正保三年(一六四六)三月、銀山は越後分との幕府の裁可が下り、承応二年(一六五三)頃から藩は銀山街道に宿場（銀山八宿）を設置するなど準備を進め、明暦三年(一六五七)、藩は魚沼担当奉行に銀山奉行を兼任させ上田銀山を開いた。銀山経営に必要な人足、経費については魚沼八組に負担させた。銀山近郷の農民にとっては日雇い銭の稼ぎ場となった。天和元年(一六八一)、越後騒動の処断によって銀山は幕府領となった。

その後、貞享元年(一六八四)より元禄元年(一六八八)まで五カ年、高田町の須浜屋又兵衛が請負山稼ぎをしたと伝えられる。

明治三十四年(一九〇一)六月、北魚沼郡長の萬千野定之助の発議によって「銀山平探検行」が実施された。その報告は三十七年九月『銀山平探検記』（ベースボールマガジン社、一九九〇年）の名で上梓された。

上田銀山については、「白峯銀山と共に二百余年前銀鉱を採掘したる所にして、今尚其遺跡を存し其坑数甚だ多し、皆坑口を塡塞し入ること能はず。……銀鉱は南方にハイ留、タモギ沢と称する所にあり、坑口は甚だ多しと雖も深く採掘したるもの少なく、多くは五六間乃至数十間に止まれり、是れ其当時は鉱脈の僅に表るゝを見ば、直に採掘したるに由るものならん……」と記し、廃坑の原因は湛水と言われているが、飢饉に遭遇して一斉に引き揚げたという地元の言い伝えも一考を要するとしている。

青苧・白布・縮み

青苧は越後縮などの原料となる苧麻のことで「からむし」とも言われ、調布として奈良朝に納められた★。以来、青苧は主要特産物として引き継がれ、慶長三年(一五九八)検地帳には、魚沼郡のみならず頸城郡でも青苧あるいは青苧畑の記載が見られる。青苧から製した白布は京都に出荷されてきた。

青苧高・白布高は村ごとに高入れされ、高に対して五割の定額課税であったが、延宝年間(一六七三〜八一)から白布運上・縮み運上を一反についていくらと生産高に対して納めさせた。技術の向上により生産高が向上すると直ちに税の徴収が行われた。

▼越後における青苧の最古の記録は正倉院文書に「越後久疋郡(頸城郡)夷守郷主肥呰人麻呂麻一段、天平勝宝国印三顆捺印」(昭和二十八年(一九五三)発見)と見える。

延宝九年（一六八一）、松平光長改易後も縮み生産は発展するが、地苧（地産青苧）は減少していった。

酒・木材・塩

酒造は、貢租の主力に据えられていた米穀を原料としていることから、統制を要する産業であった。領内の町や宿場での酒造を許可制にして酒株運上を課し、町の糀室には、糀室役を課した。

町の発達に伴い建築用材の需要が高まり、延宝年間には岡沢（中郷区）・西野谷（妙高市）・志（同上）など周辺の山村から伐り出された。藩は、木材の需要の増加に対して岡野町（清里区）などに御林（藩有林）を新設したり、寛文十二年（一六七二）には、山間地の役家に槇・桐・杉などの植林を命じたりして森林の育成に努めてきた。また、寺社や村内の樹木数を調査させ、個人所有地の用材樹木であっても伐採認可を届けさせるなど保護にも意を注いできた。

年々盛んになる塩の需要について、藩は高田の小町・直江町などに特権を与えると共に管理の強化に努めてきた。

当地の「地塩」の生産については、天和三年（一六八三）の検地帳で見ると、西頸城郡（西浜）では一五村、中頸城郡（犀浜）では一八村で塩高が高入れされていることが知られる。塩高は、塩売買と塩屋を米石高で評価して高入れしたもので、塩の生産高ではない。なお、海上輸送の発達に伴って領外からの「旅塩」の流入も年々増加してきた。

頸城郡一円支配ができなく用水の水掛りに苦慮

寛保元年(一七四一)、姫路から高田に転封になった榊原家は、表高十五万石であったが城付きはわずか六万石に止められた。それが枷となり、藩政全般にわたって緊縮させられた。★

頸城平野(高田平野)全体を支配していないことは、効率的な灌漑施策を進めることも困難にした。西中江用水が関川から加え水を取り入れようと図ったが、適地が幕府領であったため取水ができなかった。文化六年(一八〇九)、奥州領の一部が頸城郡内に村替えになると、取入口工事と引水の工事が可能となり稲荷中江用水が成立することとなった。

この村替えは異国船からの海岸防備のためと考えられ、そのため藩領となったのは、海岸沿いの村々が多かった。頸城平野の関川東部で保倉川以南にひろがる広大な部分は依然として幕府領であった。そのため高田藩では、関川東部の頸城郡東半部の地において有効な灌漑政策を進めることができなかった。

▼高田藩は、延宝九年(一六八一)、越後中将松平光長家の改易以降、稲葉家・戸田家・久松松平家そして榊原家へと引き継がれてきた。江戸期の終焉に至るまで、頸城郡内だけで十万石以上を領知する大名はなかった。

荷物輸送を巡る争い――脇道荷役者と高田の商人と――

高田藩においては、直江津今町を外港としてここから出入りする物資はすべて高田問屋を経由する政策をとり、北信濃への物資の輸送は、北国街道を通すことを厳守させていた。

しかし全国的な商品流通の発達に加えて、貞享年間(一六八四～八八)以後、頸城郡東部が藩領から外れたため、犀浜で陸揚げされた貨物が、牧峠・関田峠・富倉峠を通る「脇道の荷役者」が増加し始め、「高田問屋筋」や「宿場側」と争いが生じ、公儀への訴訟に持ち込まれた。

文政元年(一八一八)九月、下昆子村(牧区)の松野三蔵が高田問屋と田端町(仲町三)の名主を相手として出訴した。三蔵は農業の傍ら荒物や乾物の商いをしていた。八月に出雲崎から塩魚や昆布などを仕入れ、船で上下浜(柿崎区)へ荷揚げをし、雇い牛で運ぶ途中、相手方に正規の流通を経ない抜け荷として荷を差し押さえられたことによる。下昆子は牧峠越えで信州飯山へ通じる昆子街道沿いにあり、三蔵らはこの道を利用して、信越間の輸送に携わっていた。争点は、船荷は今町湊に荷揚げし、陸上運送は高田問屋を経由せねばならないか、であった。三蔵は裁断が下るまでの三年間、江戸に留まって気力と知恵の限りを尽くして論を張ったが、結果は全面的な敗訴となった。

高田問屋が勝訴を得たとはいえ、商品流通による利潤の追求は時代の趨勢であり、特権を有する問屋が商品流通を掌握できなくなっていたことが露呈した。藩にとっては、遣り繰り財政の資金を御用金・才覚金・拝借金などの形で商人や地主に依存している負の事情も浮上した。問題の底流に、分散された所領問題が潜んでいたことは否定できない。

富倉峠に残る安政四年(一八五七)建設の強固な石垣に往時の意地が偲ばれ、長沢村に残る史料からは、幕末には公用の荷物、人もこのルートを利用していたことが知られる。

藩士の内職――地場産業に届かなかった試み――

貨幣経済が発展するにつれ自給自足経済がくずれ、藩士をはじめ領民の生活が困難になっていった。十一代藩主榊原政令は「非常大節倹令」を下して勤倹貯蓄を命ずると共に藩士の内職を許しこれを奨励した。

藩士の内職として、南会所長屋の髷形、木築長屋の竹籠、中殿町の凧・盆灯籠などが知られる。それらは下越、佐渡や信濃国へ移出された。中殿町の凧は「心棒だこ」と言われた。この凧は、牧野角馬が考案したもので凧の中心に細い竹が一本通り、尾のように長く突き出ていた。角馬は絵がうまく武者絵を描いた。独特な形をした姿と美しい絵と共に「牧野の心棒だこ」の名でもてはやされた。洋画家の牧野虎雄★は角馬の孫になる。同町の「安田の奴だこ」もたいそう評判であった。安田は、紙漉きも手掛け、凧にも使われた。安田の凧はモンドリを打つことなく調子よく舞い上がったと言われている。

竹細工に携わった白石家では、熊手・籠を作り、製品は別々の商人に売り、材料は近郊の下稲塚村・下稲塚新田・灰塚村などに出掛けて買い付けたと同家の日記（天保十二年の条）に見える。山下家でも竹製の鳥籠作りに励み、製品は「山下の鳥籠」と珍重されたと伝えられ、竹ひごを調整した鉄製の「竹ひご通し」や竹ひごを引きだすヤットコが戦前まで残されていた。

高田牧野のシンボダコ

▼牧野虎雄（明治二十二（一八八九）～昭和二十一（一九四六））帝展審査員（大正十一年（一九二二）～昭和八年）、昭和四年、帝国美術学校教授となり、同十年、多摩帝国美術学校の創立に加わり、没年まで教授を務める。

②

米作りを軸にした開発

頸城平野では、複雑に用水網を張りめぐらして、米作りに努力してきた。この用水網は、頸城固有なものとして注目される。

酒造りは、雪国の気候風土に添った伝統産業であり、長い年月の中に培われてきた産業である。

米作り、酒造業の背景に、頸城人の粘り強さと協調と礼節を重んずる気質が窺える、酒文化を伝える施設も充実している。

複雑な頸城平野の水掛り

頸城《くびき》平野には、大熊川・小熊川・別所川・櫛池川・飯田川・保倉川などの河川が流れ込み関川の支流をなしていた。流域では古くからこれらの河川を堰き止め引水したり、山間や山裾に溜池を築いて補ったりして水田を開いてきた。だが、天候の巡り合わせなどで水不足をきたすことも少なくなかった。これを解消するため、用水を合流、掛樋（跨橋）や伏越（隧道）で交差させたりするなどして、頸城平野に縦横に入り組んだ水路網を構築してきた。

中江用水

中江用水は、妙高山中の苗名の滝と長野県の野尻湖に水源を発し、用水取入口

格子型田植定規を使っての田植え風景（昭和三十年代）

の現妙高市西条の大江口から頸城平野を貫流し現上越市佐内で保倉川に合流する延長二六キロに及ぶ用水である。

寛文年間(一六六一〜七三)、吉木村の留里久八ら一二人の大肝煎たちが計画し、現妙高市新保と西条との村境から取水し、高野辺りまで工事を進めたが、大工事のため手に負えず、藩に普請の完成を願い出た。藩は家老小栗美作を責任者とし河村瑞軒の指導を受け、延宝二年(一六七四)、藩費をもって着手し、同六年に完成させた。これにより灌漑排水の利益を受ける区域は、旧幕府時代の村数で一二二カ村、面積三一七六町歩、総高二万五六一九石にのぼった。

完成後は、郡中余荷と称する維持費を毎年頸城一円の村々から、その役高に応じて拠出してもらう特権を得ていた。そのため数度にわたり出金を拒む村々と深刻な出入りも起こした。しかし、この慣行は明治六年(一八七三)まで続き、その後は中江用水組合単独の経営となった。

上江用水

上江《うわえ》用水は、頸城平野東部の丘陵地に発達した各扇状地の上流部を等高線に沿って引水して、頸城平野の東部を灌漑するもので、川上村(妙高市)から関川の水を取水し、幹線の延長二六キロに達している。なお、この用水の開発は終始、農民によって進められてきたことに大きな意義がある。

この用水は、川上村など上流五カ村が、正保年間（一六四四～四八）に開削し、承応三年（一六五四）に新田検地高請けをした。その後、四カ村が山部村辺りまで掘り継いで九村となった。

元禄五年（一六九二）、この用水の延長に着手し、翌六年、山部村から櫛池川左岸深沢村（清里区）辺りまで完成した。初期九カ村と山部村など七カ村、計一六カ村は水利の優先権が認められ、いわゆる客水区域となった。その他の針村など一七カ村は古組を組織した。頸城平野東部、岡野町（清里区）から先、飯田川・桑曾根川流域は、水不足に悩まされていた。明和八年（一七七一）に大旱魃があり、この時、桑曾根川の南から櫛池川北までの二一カ村が掘り継ぎを計画し願い出たが、上江上流の村々と中江用水組が反対して許可されなかった。

川浦村庄屋下鳥冨次郎は、祖父の代から掘り継ぎを念願してきたが、上江古組中一三カ村と中江用水組八九カ村、百余カ村の反対に対して幕府に訴願し、安永四年（一七七五）から三一カ村で自費で掘り継ぐこととなった。その中、櫛池川の底を操穴★で通すという難工事もあった。試験通水の結果も良好であり、同九年、幕府の正式の認可を得て、三一カ村は上江組に加入し、新組と称した。

その後も用水延長は続き、天明元年（一七八一）には、飯田川下の村への掘り継ぎが始められ、水科（三和区）辺りから田（同）、川浦（同）の二方面に掘削さ

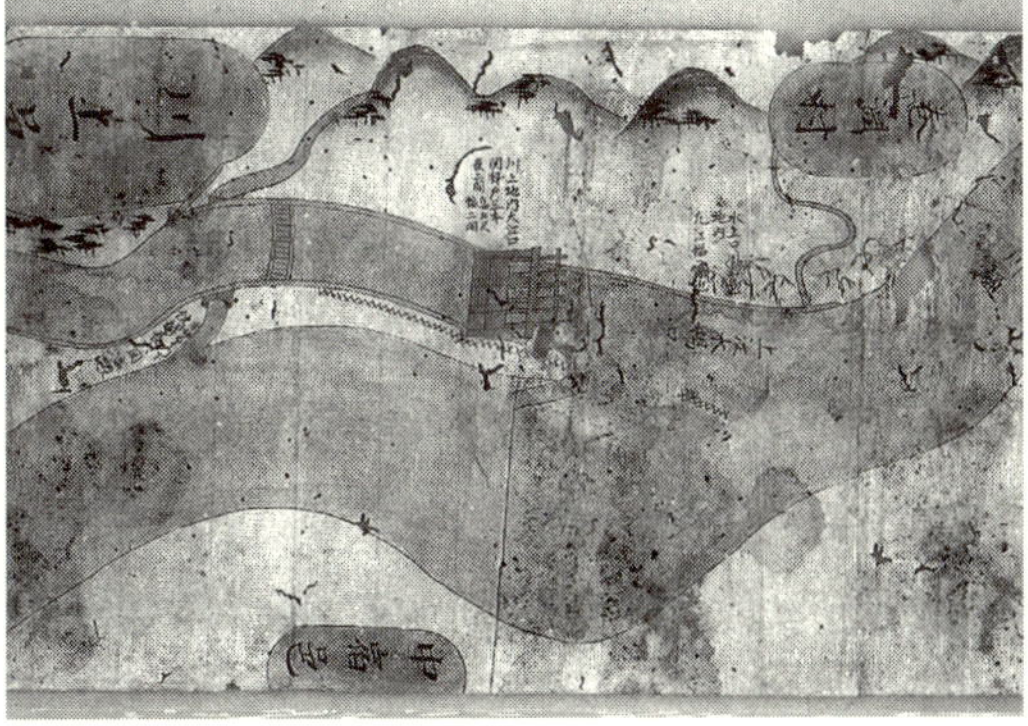

上江用水絵図（関川より取入口付近の一部）（上江土地改良区所蔵）
この絵図は昭和七年に描かれたもので、各掛樋が全て記録され、一巻の長さが一〇・七メートルに及ぶ膨大な記録である。

▼**操穴**
隧道。

れた。

西中江用水

西中江用水は、矢代川の水を十日市堂庭（妙高市）で堰き止めて引水し、最終的には直江津の天王川に落とすもので、松平光長時代の寛文十二年（一六七二）に完成したと伝えられている。この用水は関川西岸を潤す大用水であったが、常に水不足に悩まされてきた。矢代川からの取り入れ量と勾配の少ないことがその原因であった。

本用水と交差する飛田川その他の小河川の水も加えたが効果は薄く、関川よりの加え水以外に方法はなかった。そのため西中江用水組村々は用水上流と下流部の村に分かれて二つの加え用水計画に取り組んだ。

天明三年（一七八三）、上流部の村々から、二子島村（妙高市）から関川の水を取り入れ、渋江川へ落として堰き上げ、矢代川の西中江取入口へ落とす約一二町（約一・三キロメートル）の開削願いが出された。二子島村の下流に取水口を持つ中江・一〇ケ村の両用水組はこれに反対したが、西中江側は和談に持ち込んで開削した。下流部の村々は、当初、木島村から取り入れを計画したが幕府領のため反対された。

そのため下流の島田上新田から引水し、矢代川へ落として堰き上げ大貫村地内で西中江に合水させた。しかし、折角の努力も所期の成果をあげることができず、享和年間(一八〇一~四)には、二つの加え用水とも働かなくなった。

文化六年(一八〇九)、念願であった奥州にあった八万余石のうち、五万余石が頸城郡内に村替えとなり、関川左岸の大崎郷及び下之郷のほとんどが高田藩領となって、天明期に計画した木島村からの取り入れが可能となった。同七年、用水の取入口を木島村へ溯らせ勾配差の拡大を図った新水路の開削が行われ、大貫村地内で西中江用水に合水させた。

これと並行して、合水口下流の上紺屋町裏辺りから分流させ、至徳寺村辺りに至る稲荷小中江も開削され、上流部とほぼ同時に完成した。翌八年に通水、同九年の大干害にも災害を免れることができた。

同年、飯村以下の水下の村々は、新江分の経費が負担増であり、従来からの上流との負担重複は耐え難いとして、大貫村から上流部の西中江用水組からの分離独立を図った。分離の条件として、文化十年から毎年六両ずつ年末に下から上へ出金することで和議が成立し、稲荷中江用水が誕生した。

この稲荷中江用水の開発の推進者は、高田の有力町人塚田五郎右衛門であった。なお、五郎右衛門は、工事にあたって河波良稲荷神社(仲町二)に工事の安全、無事を祈願したことに因み、同神社は稲荷中江鎮守として祀られることとなった。

高田開府前の様子

永禄三年(一五六〇)前後、全国的に天候不順が続き飢饉をもたらした。越後の地も例外ではなかった。困窮した府内（直江津）の町人は、領主長尾景虎に窮状を訴えた。同年五月、景虎は、町人が負担していた諸役や地子などを五年間免除する旨の徳政令を発した。その徳政令免除条目の中に「清濁酒役」、「麹《こうじ》子役」など醸造業に賦課される役が見られ、この頃すでに、酒造業が主力産業として領国支配、経済発展に大きく関わり、町人の訴えも無視することができない状況下にあったことが知られる。

一方、酒造技術面については、坂口謹一郎博士★が諸文献を精査した結果、近世初頭には、酒を醸すに欠かせない麹の製法、乳酸発酵の応用、温度・水の管理・火入れの方法・手順等、醸造技術は、現在に通ずる水準に達していたと指摘している。

城下、街道宿に置かれた酒屋

松平忠輝時代の高田藩では、城下の酒屋七二軒に専売権を与え、高田町以外の

▼坂口謹一郎
明治二十三年上越市東本町五丁目に誕生。大正十一年東京帝大農学部卒業。麹カビの研究で農学博士学位受位。東京帝大教授に進み戦時中、研究施設を高田農学校に移転。先祖の地頸城区鵜ノ木に疎開。昭和四十二年文化勲章受章。同四十九年勲一等瑞宝章受章。平成六年死去。九七歳。

坂口記念館（頸城区）
「酒の博士」として知られる坂口謹一郎博士の人となりや、杜氏の酒造文化、「酒屋根唄」が理解できる。

酒造、販売を禁じ、旅酒★はもとより在方の酒の移入を禁じた。

松平光長時代には、藩の酒株数は七五軒であったが、郷村部では高田の酒屋からの分け株や出店・分店の形で酒造が行われてきた。延宝七年(一六七九)の「越州四郡信州逆木郷高帳★」では、「高田城下酒屋百三軒、今町酒屋一一軒、春日新田村酒屋二軒、名立村酒屋一軒、能生村酒屋三軒、糸魚川酒屋（大町・新屋村・横町）一〇軒」と見え、総計一三〇軒を数える。高田城下が突出して、ほかに糸魚川をはじめとして宿場に置かれたことが知られる。高田の酒屋が多いのは、郷村の出店が登録されたものと推察される。なお、在方の酒造の進出は、松平光長家の改易以降のことになる。

幕府は年貢米の納入を確実にするために、農村での酒造を禁止していた。幕府は、前年来の飢饉に悩まされた寛永十九年(一六四二)、酒造は、城下町と街道筋の宿場などに限り、「在々所々★」での「商売酒」の酒造を禁じると共に同年、酒造半減を布令した。だが、全国での酒造の拡大傾向は時代の趨勢であった。明暦三年(一六五七)、幕府は酒造株制度を始めた。これは、酒の生産と販売を統制し、特に凶作年の米価の騰貴を防ぐと共に、生産者から運上・冥加を徴収して財政収入を得るためであった。なお、本制度を導入した当時においては、酒造石高と株高は一致していた。その後、酒造は伸び、酒造石高は株高を超え、寛文六年(一六六六)・延宝七年両年に、「株改め」を実施し実酒造石高の調査を行った。

▼旅酒
領外産の酒。

▼「越州四郡信州逆木郷高帳」
『新潟県史』（資料編6　近世一、「愛山文庫」より）新潟県、昭和五十六年(一九八一)三月刊

▼在々所々
農村。

元禄十年(一六九七)、幕府は、酒造石高調査を実施し酒運上金の賦課を強化した。高田藩は、翌十一年に実施した。正徳五年(一七一五)には酒造高を制限する減石を布令し米が酒造に流れることを抑え、酒運上金の徴収に務めた。

米の豊凶作を反映した酒造統制

八代将軍に吉宗が就任すると、享保の改革(一七一六～四五)を進めその一環として新田開発を奨励した。新田の開発に当たっては町人の参入を認めた。このような増産政策は米余りをきたし、米価は下落の傾向を示し為政者の財政に不利となった。この動きに対して幕府は、従来の酒造量抑制を緩め、米の需給調整を行い米価調節を図ってきた。

宝暦四年(一七五四)には「勝手造り令」が出され、さらに文化三年(一八〇六)には、農村での酒造り、「在酒」の禁止も解かれ、これまで実質的には進んでいた在酒業者の成長を勢いづけることとなった。頸城郡について見れば、寛政三年(一七九一)当時、六二軒だった酒造家が、文化年間(一八〇四～一八)には一三〇軒余となった。

ところが、流通機構の全国的な発達により、米の市場性はさらに高まり、米価は豊凶の影響を受けて大きく変動するようになる。幕府は、文政八年(一八二五)

には無株酒造差留め、同十年解除、翌十一年差留めと変わり、さらに天保五年（一八三四）、再度無株営業を認可した。酒造業者達は、目まぐるしく変転する法令に対して分け株をしたり、休止株を共同で冥加金を納めて復活させたりして対処せざるを得なかった。

「在酒」の進出

酒造業者の増加は、農村の酒造家、すなわち「在酒」の増加であった。酒造権の拡大は、酒造株の分割売買により行われる。このような動きはすでに延宝期から見られたが、宝暦四年（一七五四）の「勝手造り令」以後、酒造株の移動が活発となった。売買の一例として、久々野（板倉区）から岩手（柿崎区）というものも見られた。

酒造の広まりは、「借株」で行われる場合もあった。大窪村（柏崎市）の杢右衛門が戸野目村（上越市）甚兵衛から天保十二年（一八四一）九月に借株をした。甚兵衛の出造りという形をとるが、実際は杢右衛門が酒造をして領主への冥加金二両は、杢右衛門が三年間納めてきた。農村への酒造の普及は、元禄期（一六八八〜一七〇四）から地主の成長に伴って進んだ。地主は、年貢米を米として売るに止まらず、酒として付加価値を高めて販売するようになった。それを可能にしたのは、農民の生産技術の向上により作徳米の収得を高めたことによる。

松平光長時代における農村の酒造は、町方酒造の「配株」（分け株）による出店という形態であったが、光長家改易を契機に在方酒造の独立性を次第に高めていった。

享和二年（一八〇二）と推定される史料によれば、高田城下及び今町の町方に対して、在方酒造は一三四軒中の一一三軒で八割余を占めることとなった。だが、在方酒造者の酒造米高は一軒当たりについては、町方酒造のほぼ三分の一の小規模生産である。ともあれ、株は、細分化されて農村に広まっていった。在方酒造業者は、積極的に需要の多い高田城下や今町に販売したので町方の業者仲間はその取り締まりを藩に要請した。

寛政十年（一七九八）九月、町奉行は城下町及び寺社方へ、「前々から在酒の仕入れは禁止してきたところであるが、近年、守られていない。また、預かり酒などと唱えている者もあるとのことである。爾後、このような振る舞いはしてはならない」と命じた。享和二年の高田藩の高田・今町酒屋に対する規制の中に、「酒が町へ入り込むのを一升でも見付けたら取締役の者に限らず、酒屋仲間で見付けた者は取り上げ、年番所へ申しでること」と見える。預かり酒とは、商売するために仕入れて販売しているのではなく、一時、業者から預かって置いているだけであるという言い逃れであった。在酒販売は町人のみならず、藩士も扱ってい

よしかわ杜氏の郷（吉川区）
杜氏の技を紹介している。酒の製造工程の見学ができ、地酒の展示紹介がなされ試飲もできる。

たと見え、文化十四年（一八一七）には酒屋年番から町惣年寄に、「土橋長屋の侍が、在酒を仕入れて売り出している。やめさせてほしい」と願い出ている。藩の在酒の販売監視の目は、城下より離れた上稲田村や今町では緩やかであったと見えこのような地域での酒造は盛んであった。なお、頸城郡においての酒造従事者は、大地主より中小地主の方が多かった。

幕末期以降の動き

慶応三年（一八六七）、三島郡片貝村の酒造家釜屋九右衛門らの編纂、版木屋又兵衛の彫りになる『越後酒造家一覧』が刊行された。同書に頸城郡の酒造家として二〇一家の名が記されている。上越市三和区では一〇家が挙げられている。★当時の酒造家は、周辺地域を商圏とする家内工業的生産であった。

明治・大正期（一八六八〜一九二六）に入ると、生産規模が拡大され、流通機構が発達するに伴って、従来の酒造家の中には廃業する者が現れ、新たな酒造家の台頭を招いてきた。

昭和十三年（一九三八）四月、「上越酒造組合新酒利酒会」には、三和区から次の銘柄の酒が出品され、高田税務署長植村勉から賛歌が寄せられている。同区では、二事業者に減少していた。

▼『越後酒造家一覧』における三和区の酒造家
川浦 小松屋林之助・川浦 下鳥又十郎・野村 曾山與右衛門・村丘 五十嵐徳右衛門・クラ馬 松縄伴左衛門・大光寺 古市周左衛門・井ノ口 上田六右衛門・田村 渡邊平助・塔ノ輪 丸山善左衛門・塔ノ輪 丸山庄左衛門

・「国の華」野崎篤治

国の華　よき酒の名ぞ

盃にうつれる色は　千代の影あり

・「本丸山」丸山三郎治

越路なる　本丸山は

うまき酒佳き酒なりと　人はたたへむ

やがて戦時経済による企業統制が推進されたが酒造業もその例外ではなかった。昭和十八年には、県内の酒造場は、整備要綱に基づいて「操業製造場」、「保有製造場」及び「廃止製造場」の三区分のいずれかに査定し統制を図ることとなった。この査定は建前においては業者の自発によるものと言われている。

米と酒の謎蔵（三和区）
米と酒の歴史と文化を実物を用いて紹介している。試飲コーナーは充実し各地の酒に出会える。

これも高田

お国自慢

これぞ高田の酒

越後は酒どころ。米・水・杜氏がいい。

高田自慢の酒をちょっとだけ紹介

越乃雪月花

妙高酒造（株）
TEL025-522-2111

二峯

加茂乃井酒造（株）
TEL0255-78-2034

か太ふね

(合)竹田酒造店
TEL025-534-2320

吟田川

代々菊醸造(株)
TEL025-536-2469

能鷹

田中酒造(株)
TEL025-546-2311

越の白鳥

新潟第一酒造(株)
TEL025-599-2236

国の華

野崎酒造場
TEL025-532-2130

スキー正宗

(株)武蔵野酒造
TEL025-523-2169

越後自慢

(合)小山酒造店
TEL025-534-2022

越路乃紅梅

頚城酒造(株)
TEL025-536-3756

谷乃井男の酒

谷乃井酒造(株)
TEL0255-78-2127

雪中梅

(株)丸山酒造場
TEL025-532-2603

越の若竹

上越酒造(株)
TEL025-528-4011

清正本醸造

加藤酒造(株)
TEL025-548-2046

錦盛

(合)佐藤酒造店
TEL025-534-2278

よしかわ杜氏

(株)よしかわ杜氏の郷
TEL025-548-2331

③ 家内工業の台頭とその消長

全国的に人や物の往来が進むと、さまざまな産業の発達を促し自給品の多かった生活が商品経済に組み込まれていく。それらの商品は、自家産原料を用いて注文生産されていたものが、流通機構との接触が深まるに伴って商品生産としての性格を強めていった。

「時の鐘」を鋳造した鍋屋町の鋳物師

高田鍋屋町（東本町五）は、越後中将松平光長時代の寛永十三年（一六三六）、全国で七カ所の銭座の一つがこの地に置かれ銭貨が鋳造されてきた。

寛文元年（一六六一）には、越前国足羽郡山岸村土肥佐兵衛と一一人の「鋳物師」、それを補助する「たたら踏み」★・「鋳掛」★一〇人ほどが当地において開業した。

鋳物師は、鉄や銅などを原料として、鋳型を用いて器物を鋳造する職人である。鋳物師の製品には、梵鐘・仏像・香炉などのように銅を素材とするものと、鍋や釜など鉄を原料とするものがあり、そのうち、需要の多いのは庶民の生活用品である鍋や釜である。

越後の鋳物師で中世から続いてきたのは、大窪村（柏崎市）の鋳物師であった。近世越後の鋳物師はこの大窪村の集団を除いて、近江か越前から移住してきた鋳

▼たたら踏み
「たたら」は、鉄を溶かす際に、足で踏んで空気を送る大きなふいごであり、この作業は「たたら踏み」と言われる。

▼鋳掛
「鋳掛」は、鋳物師の仕事場で働いたり、各地を回って鋳物を販売し、破損した鋳物の修理をした。

物師であり、当地は後者に属する。

寛文九年藩の命によって左兵衛は、「時の鐘」を改鋳した。佐兵衛はその功によって、梵鐘吹場の地所が与えられ「天秤分銅」の製造も許された。「寛文年間、藩主より養福寺前に十五間四方の無年貢の大鐘屋敷が与えられ★」、元禄十年(一六九七)八月、屋敷内にたたらを設置し同業者一四人と共用して梵鐘を鋳造した。★

寛政十一年(一七九九)、鍋屋町の山岸藤右衛門と吉田七右衛門が京都の朝廷の地下官人(役人)で鋳物の営業権を勅許で保障する真継家の「許状」を得た。★高田の鋳物師が真継家と関係をもったのは、柏崎の大窪鋳物師の動きに連動したものと思われる。

寛政七年、柏崎の大窪鋳物師が信州水内郡戸狩村光明寺で釣鐘鋳造作業を開始したところ、信州の鋳物師は、真継家に、大窪鋳物師の行為は、営業圏荒らしの「非道」であると訴えた。真継家は大窪の領主松平定信を通して調査に乗り出し、結果、大窪鋳物師を「他所差留」の処分としたが、釣鐘のほうは真継家の仲介により解決した。★これを機に真継家は、越後への影響力を強化し、越後でも真継家の権威を利用して、原料の輸送・販売などの営業権を確保しようと努めてきた。

天保十年(一八三九)、鍋屋町鋳物師が、銑鉄・炭などの原材料をこれまで関川左岸で荷揚げするので自力で搬送していたのを、高田宿側が瀬違《せちが》いを理由に右岸の稲田に揚げ、高田宿側で移送し上前銭を払うよう要求した。鋳物師の一部が同

▼『町史　暁光―東本町五丁目』上越市東本町五丁目町内会編、平成十四年(二〇〇二)九月。

▼『高田市史・第一巻』に「指上申一《さしあげもうすいっ》札之事《さつのこと》」として全文が見える。

真継家印鑑
(上越市公文書館準備室蔵)

▼「近世越後の鋳物師達」桑原紀昭・『柏崎・刈羽』(第一三号・第一四号)抜粋合本。

意したが真継家より特権として支払わないよう達しがあり解決した。

その後、吉田家は衰退し、山岸家が鍋・釜を鋳造し下越・佐渡・信州方面にも出荷してきた。幕末には藩の銃砲も鋳造した。明治に入ると、山岸九郎兵衛家は、業務の近代化を図り、直江津古城へ工場を建設し、株式会社直江津工場と改め、機械工業の途に進んだ。その中、鍋屋町には、阪口鋳物会社、隣接する本誓寺町（現東本町四）には、井上鍋釜製造工場があった（下図）ことが知られる。

刀鍛冶・野鍛冶・張多鍛冶など多様な鍛冶職

鉄などの金属を打ち鍛えて道具や刃物を造る鍛冶屋は古くからある職人である。鍛冶の中でも、「刀鍛冶」は一般の鍛冶とは別格で「刀工」と呼ばれた。一般の鍛冶は、「野鍛冶（農鍛冶）」と「張多鍛冶」に分かれる。野鍛冶は、農具の製造・修繕・貸し付けを行い、町場のみならず農村にも居を置いた。張多鍛冶は野鍛冶以外の包丁・鋏などの刃物、錠前・飾り金具など道具類を製造販売する鍛冶屋を指している。

高田町には、松平越中守時代の正徳二年（一七一二）には鎌鍛冶または刃物鍛冶と呼ばれる野鍛冶が合わせて一〇九人おり、本杉鍛冶町の名主小森清兵衛と稲田鍛冶町の名主吉田七右衛門の支配を受けた。

高田本誓寺町井上鍋釜製造工場
（製造品目＝鍋釜類、土蔵金具類、大工道具類、洋釘針金類）

刀工で著名なのは兼広で、福島城下から高田に移り刃物鍛冶町（北本町一）に住んだ。寛文年間（一六六一〜七三）に「越後高田住兼広」と刀に銘を刻した。門人として兼坂・兼光・兼貞などが同町にいた。兼坂が貞享元年（一六八四）に鍛えた刀は、当時高田城の勤番であった諏訪因幡守忠晴が買い求め、のちに信濃国諏訪郡下諏訪神社の宝物となった。

戸田能登守時代には、正広がいた。彼は戸田家の刀鍛冶、法城寺和泉守橘政次の門人で刃物鍛冶町に住み、銘を「越州高田住橘正広」と打った。子孫は、代々高田に住み刀を造り同じく「正広」と銘を打った。

榊原家時代の文政期には、家臣の上田十兵衛常憲（一清）は、江戸の川部水心子に入門して刀造りの道に入った。また、松井光太郎貞輝も刀造りで銘は「貞輝」と彫った。このほか、五島正陰は上稲田に住み、慶応年間、榊原家の御用鍛冶となった。

名物として諸国に知られた「毛抜き」造り

高田町で造られた著名な金属製品に「毛抜き」があり、「うぶげや」で製造された。うぶげやの元祖小林七郎右衛門は、越前から慶長年中に越後に来て「けぬき師肥後大掾」と銘を打ち藤原喜宿と号した。高田築城の際、下紺屋町（本町

明治期の「うぶげや」の様子（『北越商工便覧』より）
中央の広告は毛抜を交差させ上部に［JAPAN GRAND-SIRE］と記している。

七）に屋敷を与えられた。

うぶげやの毛抜きは、平鍬のさび残ったものを利用して造り鉄質が柔らかで弾力があり評判が高かった。藩主の土産物として諸侯に贈られ有名になった。製品には、毛抜き・びん毛抜き・鼻毛抜き・まつ毛抜き・楊子毛抜き・えり毛抜き・とげ毛抜き・節採《ふしとり》（織物の糸屑を除くもの）の八種があった。

大工・畳屋・建具屋・桶屋

越後中将時代には、旅大工・在大工なども役銀を出して、高田で働くことができたが、のちに町大工を保護するために、町大工の手不足の時以外は外部からの大工の営業を禁じた。大工・木挽きは、厳しい職法・仲間規定を定めて棟梁を置き、規則に違反すると道具を差し押さえて仕事のできないようにした。この制裁が行きすぎて営業に困る者も出たので、天保十三年（一八四二）に町奉行所は諸職人の制裁について注意を促した。大工の数には制限があり、越中守時代には一三〇人であった。家中御大工・町方出入大工などは世襲であった。当初、畳の需要は少なかったようで藩に対して定まった役を納めていなかった。次第に住民の生活が豊かになり畳の需要が増したものと思われ、天明元年（一七八一）以後は、一軒につき冥加金四匁ずつ毎年上納した。営業権確保のためであろう。

建具屋は指物師ともいい、もとは大工の仕事であった。文政年間（一八一八～三〇）に、下職人町（大町四・五）の三右衛門が江戸で建具職を学んで建具屋を開業してから次第に数が増え、職人として独立を認められ町役を負担するに至ったが、建具屋は、店先だけで仕事をし、出稼ぎは許されなかった。建築現場での細工は従前どおり、大工の職分とされた。

高田町においてはじめ桶屋は、桶屋町にのみ集まっていたが、正徳二年（一七一二）には桶屋七一人のうち、桶屋町居住は四九人、残り二二人は他町となった。桶は日用性が高いことから人々の注文・修理に応じ易いよう散在したものであろうか。

同五年には、藩に他国桶屋の城下入り込み禁止を認めさせ、仲間内に対しては、相互の競争を戒め、他所の桶屋との紛争を避けるなどの取り決めを行っている。

榊原家入封の翌年、寛保二年（一七四二）には九〇軒の桶屋があった。天明元年、桶屋仲間として作料（日給）二五〇人分に相当する銀四〇〇匁を上納することによって桶屋仲間の製造・販売・修繕などに関する権利を確保した。

伝統ある飴作り

横春日町（南本町三）の高橋飴屋の祖、高橋六左衛門は、もと越前の松平忠直

旧金津憲太郎桶店
江戸時代後期の建物、公開され桶職人の仕事場や暮らしの様子が窺える。
（上越市歴史・景観まちづくり推進室提供）

の家臣であったが、主家没落後、松平光長に従って高田に入り、町人となって菓子屋を始め、三代孫左衛門が享保年間に粟で作った飴が評判を得たので、代々孫左衛門を襲名し現在に至っている。四代孫左衛門は、寛政二年(一七九〇)、糯米《もち》で透明な飴を製造するのに成功した。本来ならば「もち飴」と称するはずであったが、「粟飴」の名が知られていたことからそのまま踏襲してきたと伝えられる。この飴を藩主榊原家に献上したところ、「翁飴」の名を賜ったという。高田の名物として名を得たのは、榊原家や前田家など北陸の諸大名が参勤交代に際し、江戸へ土産に持参したことによる。

『東海道中膝栗毛』で名をなした十返舎一九が文化十一年(一八一四)秋頃、同店を訪れ、「評判は高田の町に年を経て、豊に澄(住)める水飴の見世」と、彼の『金草鞋《きんのわらじ》』に見えている。なお、十返舎一九は第四章でも取り上げる。

城下の菓子銘々

『訂正越後頸城郡誌稿』★に当地の菓子類として、次の店が登場する。

・景勝団子(高田土橋町辺ニ本家ト称スルモノアリ、団子五ツヲ串ニ指シテ焼キ砂糖醤油ヲ付ケシ物ナリ)

・茶屋町於焼(高田市街南端出ハズレ瀬端橋詰腰掛茶屋ニテ製ス)

▼『訂正越後頸城郡誌稿』
『越後頸城郡誌稿』は、庄田直道ら一七名の旧高田藩士によって明治三十四年編集終了、原稿浄書に漕ぎつけた労作である。のち、布施秀治、相馬御風の補正、朱書を経たのが「訂正頸城郡誌稿」である。昭和四十四年、越後頸城郡誌稿刊行会によって活字本として刊行された。

・長谷川の餡転餅（関町、長谷川ニテ製ス、天保年間ヨリ創ムト云フ）
・追分饅頭（今町街道追分腰掛茶屋ニテ製ス）
・五智餅（五智坂本茶屋ニテ製ス）
・於秀饅頭（高田茶町三ツ井屋ニテ製ス）
・茶町白餅（高田茶町ニテ製ス。高田餅屋専業ハ当家一軒ナリ）

これらの諸店は街道沿いに置かれた。

なお、菓子の製造に欠かせない砂糖については、藩政記録「記録便覧・巻二」に寛政九年（一七九七）、「稲田町室屋栄治、砂糖御製方を願い出る」、享和二年（一八〇二）、「稲田栄治の和製砂糖製法所を停止する」と見え、当地においても製造の動きがあったことが分かる。

醤油・豆腐

醤油、味噌ともに大豆、小麦、塩を原料にして造られる。味噌は自家製であったが醤油は流通品であった。

高田城下の町場では、醤油仲間が作られ、年番をおいて運営するほど盛んであったが、醤油稼ぎは無役であった。慶応三年（一八六七）、醤油稼ぎ二二軒は藩に稼ぎ株の認可を願い出て鑑札を受け冥加金一両二分を納めることとなった。だが

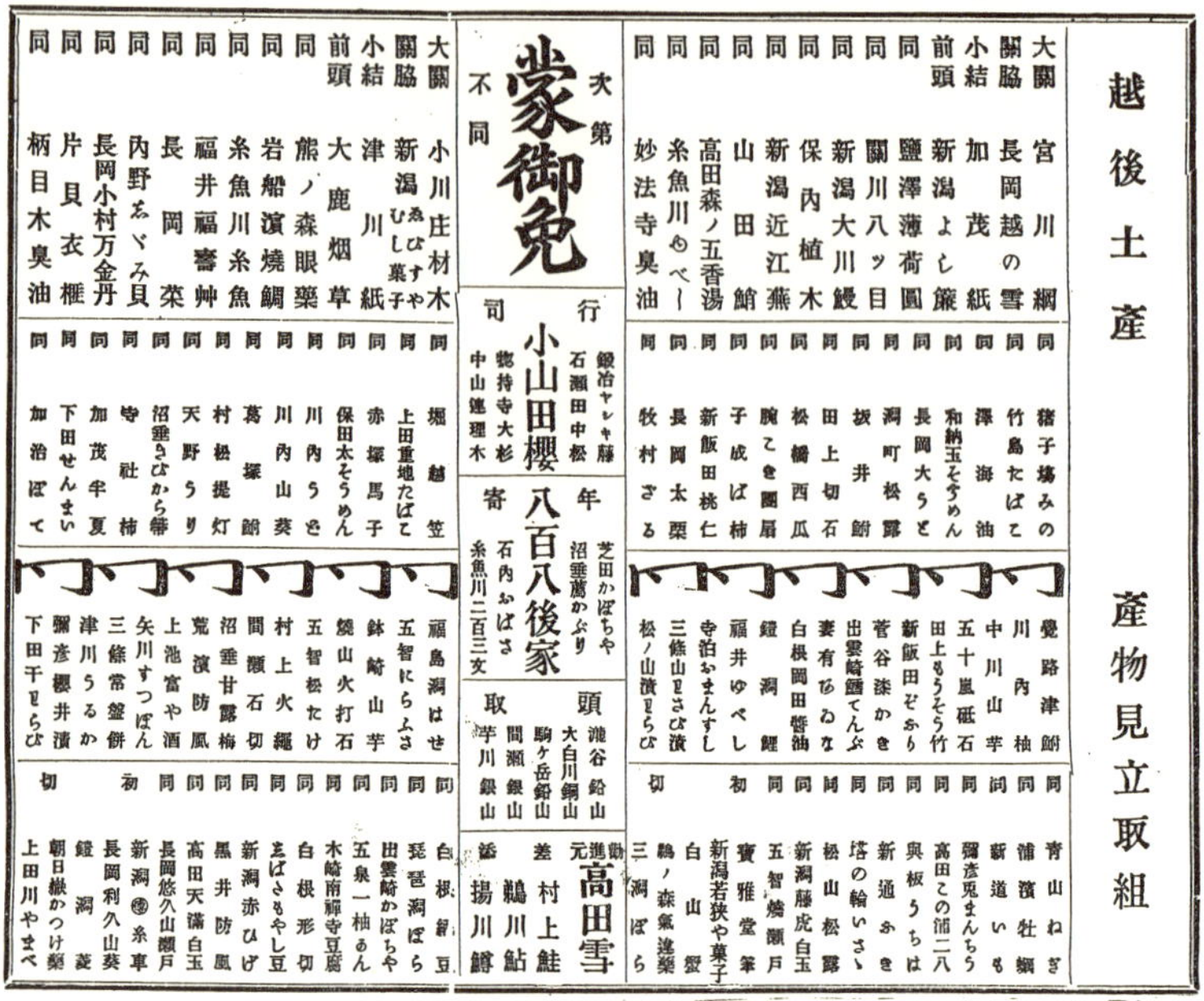

越後土産　産物見立取組

大関 宮川網
関脇 長岡越の雪
小結 加茂紙
前頭 新潟よし簾
同 鹽澤薄荷圓
同 關川八ッ目
同 新潟大川鰻
同 保内植木
同 新潟近江蕪
同 山田館
同 高田森ノ五香湯
同 糸魚川ゐべー
同 妙法寺臭油

同 猪子場みの
同 竹島たばこ
同 澤海油
同 和納玉そうめん
同 長岡大うど
同 洞町松露
同 坂井餅
同 田上切石
同 松橋西瓜
同 腕こき團扇
同 子成ば柿
同 新飯田桃仁
同 長岡太栗
同 牧村ざる

覺路津餅
川内柚
中川山芋
五十嵐砥石
田上もうそう竹
新飯田ぞふり
菅谷漆かき
出雲崎麺てんぶ
妻有ちゞみ
白根岡田醤油
鎧潟鯉
福井ゆべし
寺泊かまんすし
三條山王さひ漬
松ノ山漬ぼらび

同 青山ねぎ
同 蒲濱牡蠣
同 新道いも
同 彌彦兎まんぢう
同 高田この湎二八
同 與板うちは
同 新通ふき
同 塔の輪いさゝ
同 松山松露
同 新潟藤虎白玉
同 五智燒瀬戸
同 寶雅堂筆
初 新潟若狭や菓子
白山蛍
切 鵜ノ森氣逸薬
三洞ぼら

次第不同　蒙御免
行司 鍛冶ヤレヤ藤　石瀬田中松　小山田櫻　惣持寺大杉　中山運理木
年寄 芝田かぼちや　沼垂蕙かぶり　八百八後家　石内ふばさ　糸魚川二百三文
頭取 瀧谷鉛山　大白川銅山　駒ヶ岳鉛山　間瀬銀山　芋川銀山
勧進元 高田雪
差添 村上鮭　鵜川鮎　揚川鱒

大関 小川庄材木
関脇 新潟ゐひすや菓子
小結 津川紙
前頭 大鹿烟草
同 熊ノ森眼薬
同 岩船濱燒鯛
同 糸魚川糸魚
同 福井福壽艸
同 長岡菜
同 内野ゐぐみ貝
同 長岡小村万金丹
同 片貝衣椎
同 柄目木臭油

同 堀越笠
同 上田重地たばこ
同 赤塚馬子
同 保田木そうめん
同 川内うど
同 川内山葵
同 葛塚餅
同 村松提灯
同 天野うり
同 沼垂きびから箒
同 寺社柿
同 加茂半夏
同 下田せんまい
同 加治ぼて

瀬島潟はせ
五智にらふさ
鉢崎山芋
燒山火打石
五智松たけ
村上火縄
間瀬石切
沼垂廿露梅
荒濱防風
上池富や酒
矢川すつぽん
三條常盤餅
津川うるか
彌彦櫻井漬
下田干ぜらび

同 白根飴豆
同 琵琶潟ぼら
同 出雲崎かぼちや
同 五泉一柚ゐん
同 木崎南禅寺豆腐
同 白根形切
同 新潟赤ひげ
同 黒井防風
同 まばさもやし豆
同 高田天満白玉
同 長岡悠久山櫛戸
初 新潟㋮糸車
長岡利久山葵
鎧潟菱
切 朝日嶽かつけ薬
上田川やまべ

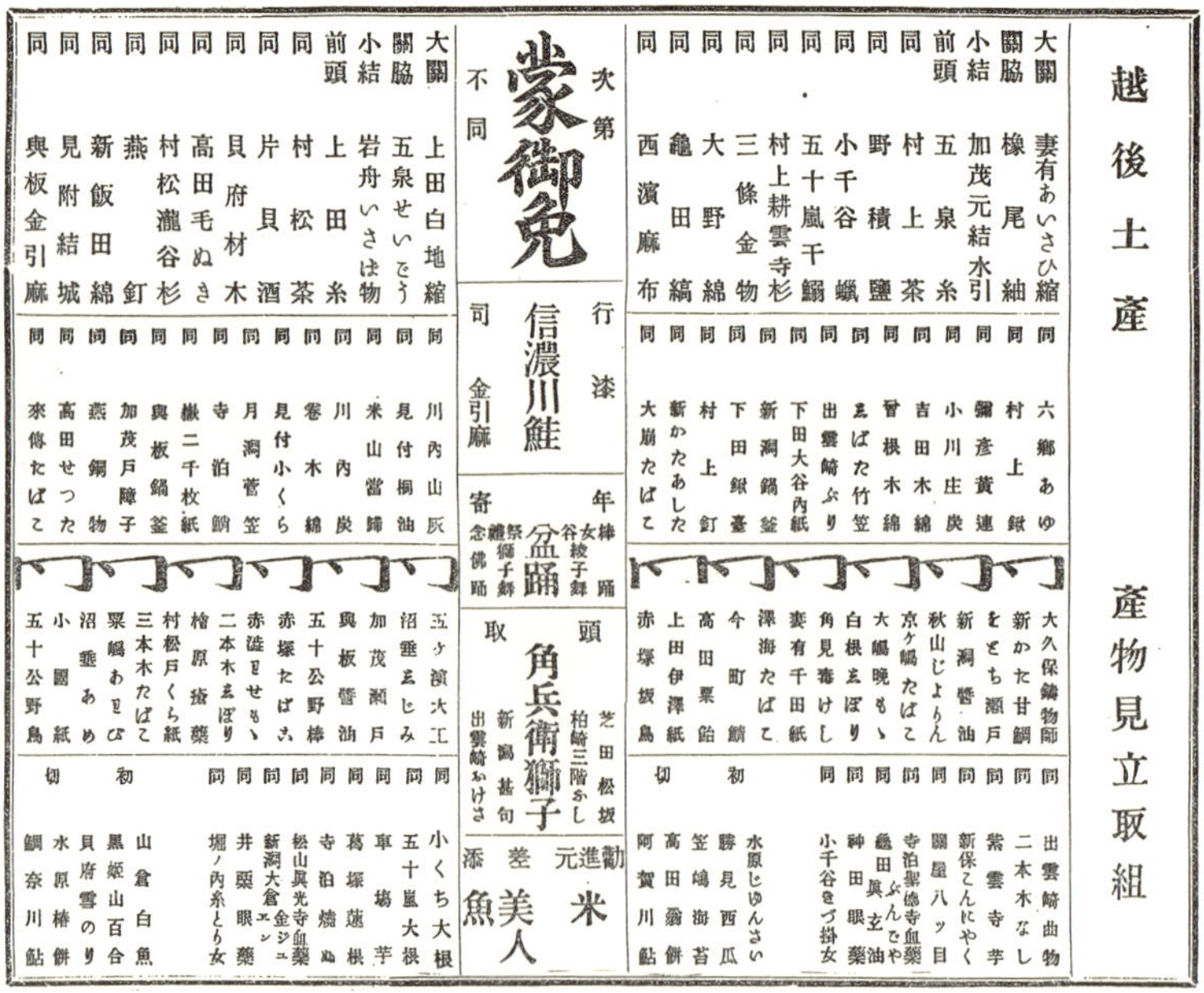

越後土産　産物見立取組

大関 妻有ゐいさひ縮
関脇 橡尾紬
小結 加茂元結水引
前頭 五泉糸
同 村上茶
同 野積鹽
同 小千谷蠟
同 五十嵐干鰯
同 村上耕雲寺杉
同 三條金物
同 大野綿
同 龜田縞
同 西濱麻布

同 六郷あゆ
同 村上鮭
同 彌彦黄連
同 小川庄炭
同 吉田木綿
同 曾根木綿
同 まばた竹笠
同 出雲崎ぶり
同 下田大谷内紙
同 新潟鍋釜
同 下田餅臺
同 村上釘
同 新かたあした
同 大崩たばこ

大久保鋳物師
新かた甘鯛
をとち瀬戸
新潟醤油
秋山じよりん
京ヶ嶋たばこ
大嶋晩もゝ
白根まぼり
角見毒けし
妻有千田紙
澤海たばこ
今町館
高田栗飴
上田伊澤紙
赤塚坂鳥

同 出雲崎曲物
同 二本木なし
同 紫雲寺芋
同 新保こんにやく
同 闘屋八ッ目
同 寺泊聖徳寺血薬
同 亀田ぶんごや
同 神田眼薬
同 小千谷きづ掛女
初 水原じゆんさい
勝見西瓜
笠嶋海苔
切 高田霰餅
阿賀川鮎

次第不同　蒙御免
行司 漆　信濃川鮭　金引麻
年寄 棒踊　女谷綾子舞　盆踊　祭獅子舞　念佛踊
頭取 芝田松坂　柏崎三階ぶし　角兵衛獅子　新潟甚句　出雲崎おけさ
勧進元 米
差添 美人　魚

大関 上田白地縮
関脇 五泉せいごう
小結 岩舟いさは物
前頭 上田糸
同 村松茶
同 片貝酒
同 貝府材木
同 高田毛ぬき
同 村松瀧谷杉
同 燕釘
同 新飯田綿
同 見附結城
同 與板金引麻

同 川内山灰
同 見付桐油
同 米山當歸
同 川内炭
同 誉木綿
同 見付小くら
同 月潟菅笠
同 寺泊餅
同 欅二千枚紙
同 與板鍋釜
同 加茂戸障子
同 燕銅物
同 高田せつた
同 來傳たばこ

五ヶ濱大工
沼垂ゐじみ
加茂瀬戸
輿板醤油
五十公野棒
赤塚たばこ
赤泊ぜせもゝ
二本木まぼり
檜原指薬
村松戸くら紙
三本木たばこ
粟嶋わかめ
沼垂あめ
小國紙
五十公野鳥

同 小くち大根
同 五十嵐大根
同 車場芋
同 葛塚蓮根
同 寺泊燒ぬ
同 松山異光寺血薬
同 新潟大倉エンジュ
同 井栗眼薬
同 堀ノ内糸とり女
初 山倉白魚
黒姫山百合
貝府雪のり
切 水原椿餅
鯛奈川鮎

『越後土産』（紀　興之著・元治元年（1864）刊）
越後の各地の産物を相撲の番付表に見立てたものである。今に残るもの、時代の流れの中で失われたものが知られる。

従前通り無役であった。この動きは、醤油の需要は幕末に伸び、在方の醤油も町場に入るようになり、その牽制手段とも見られる。

豆腐は、町場では専業の業者があり、日常的な需要があった。在方では自家製で盆・正月・モノ日などに合わせて作られた。人通りの多い道沿いの村には豆腐屋もあり、長岡村・木田村の庄屋などはそれらを利用したという。

花魁《おいらん》にも愛された大鹿煙草《おおじかたばこ》

大鹿煙草には、万治二年(一六五九)、大鹿村の五郎右衛門が長崎地方より移入して栽培した「大鹿館葉」と、宝永年間(一七〇四〜一一)に花房村の源右衛門が出羽国の泰倉煙草を当地にもたらした「花房薄葉」の二系統があった。これらは、頸南地区で広く栽培されてきた。大鹿館葉は、栗皮色をした独特の辛味を持った煙草で点火が迅速で紫煙の香りも高く、人々の嗜好は館葉に傾き、江戸吉原の花魁にも愛されたという。花房薄葉は薄葉で緩やかな香味を持っていた。

明治に入り、新井町において小出雲煙草商会、オーフル煙草合資会社など機械を導入して煙草製造を進めていた。明治三十七年四月、煙草製造専売法が施行され煙草の製造販売はもとより、煙草葉の栽培すべてにわたって政府の管理するところとなった。

大鹿煙草

これも高田

越後中将時代の残像

有明の松・貸し鍬慣行

有明の松

「有明の松」は、小栗美作屋敷にあった松の木で、旧『高田市史』に写真を載せ、次のようにいわれを紹介している。

「美作庭前の雅松、今や幹太り、枝老いて翠《すい》蓋《がい》道を掩ふ、何時となく有明の松と唱へて現に西会所羽二重会社の敷地にあり、家中の例に国替の時は勿論同藩中にても引越に際し、家の内外を掃除して後主に渡すを例とす。何れの国替の時にかありけん、樹下の前主、一首の国風を遺して去る。

　何ひとつ残さぬ宿と思ふなよ
　　松の梢に有明の月」

有明の松

越後騒動の裁決は、延宝八年(一六八〇)のことであった。『高田市史』の刊行は、大正三年(一九一四)のことであり、この松の樹齢は、およそ二百五十年ということになる。

貸し鍬慣行

貸し鍬慣行は、鍛冶屋から修理済みの鍬の刃先を雪消え時に借り、秋の取り入れが済むと米を付けて返し、鍛冶屋は、冬の間に修理を済ませて春にまた貸し出すという習わしである。農作業を進めるに当たっては、作業の内容、土質の硬軟などによって異なった鍬が必要であった。三本鍬について見れば、関川左岸の土質はやや粘り気が少ないため刃が細いもの、右岸では逆に粘り気が強いので刃幅が広いものが使われている。また、柄の具合で使い勝手の善し悪しが作業能率にも響いてきた。農家にとって、それらの事情を心得た鍛冶屋の存在は有用であった。

貸し鍬の慣行範囲が松平光長時代の所領にほぼ一致することからして、この期における農業政策であろうという説もあるが、成因については、確たる資料に欠け検討課題を残している。農閑期に鍛冶屋の仕事ができることから自然発生的に成立したのではなかろうかという見方もある。

天保年間(一八三〇〜四四)における貸し鍬の賃貸料は、「上鍬此賃貸五升八合、中鍬此賃貸四升八合、下鍬此賃貸三升七合、三本鍬此賃貸四升八合」(『吉川町史』による)と、かなり高いものであったことが知られる。

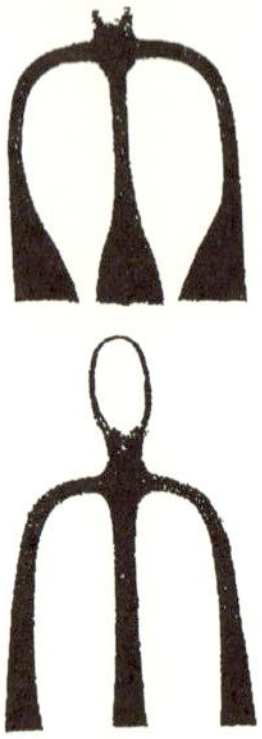

川東地域の三本鍬(上)
川西地域の三本鍬(下)

④ 地下の資源に期待をかけて

赤倉温泉の開湯は、商人の資金を活用し、官民共同の努力によってなしえた。

頸城郡の石油開発の歴史は古く、古墳時代、矢尻を固めるためアスファルトが使用されていた。

草生水は、灯火燃料はもとより薬にもなった。また、天然ガスを燃やして煤を採取し、墨の製造をも手掛けた。

関山の宝蔵院支配下の温泉

妙高山は修験道の行者が修行する霊山として古代から開かれており、地獄谷などから湧き出る湯が知られていた。安永七年（一七七八）に信州仁礼村（長野県信濃町）の者、天明元年（一七八一）には関川村・上原村（妙高市）の庄屋たちが温泉引き湯を高田藩を通して宝蔵院へ願い出たが果たせなかった。当時、妙高山一帯は関山権現の社領でこの地に湧出する温泉の利用は別当寺宝蔵院の許可が必要であった。

宝蔵院としては信仰の山が俗化することを警戒する一方、享保十二年（一七二七）に発見された関の湯（関温泉）の開湯により冥加金が宝蔵院の収入源の一つであったから新規の開湯を制限する意向があったものと思われる。

藩の援助と民間資本で開湯

文化十一年(一八一四)五月、田切村（妙高市）庄屋中島源八・今町市郎右衛門・高田府古町吉左衛門が事前に藩役人の松本斧次郎を通して藩の協力を確かめてから宝蔵院に開湯を願い出た。六月、藩主榊原政令は、直々に宝蔵院の本山の江戸上野の東叡山に詣で開発の了解を得た。これを受けて松本斧次郎が宝蔵院と交渉して話をまとめ、同年暮れ、改めて東叡山へ願い出て許可を得た。

同十三年九月、松本ら藩役人が実地見分に入り、宝蔵院と具体的交渉に入り合意を得た。翌年正月、勧進元の中島源八らは、温泉普請元締に任命された松本と共に工事に取り掛かり、二月上旬、高田から普請用として長さ六間の大竹五〇〇本（引き湯の導管用）★が田切に送られ、米数百俵が中島源八宅へ届けられた。工事に必要な大工、木挽き、石切、鍛冶、人足が集められると工事に入った。工事現場には、榊原家の紋付の旗、提灯が立てられた。★この事業が藩の権力を背景にしていることを示すものであった。

当初、温泉場は田切村大字山之神（赤倉観光ホテルの場所）を予定していたが、温泉場として狭小との理由で引き湯先を二俣地内の一本木に変更した。九月下旬、引き湯工事と湯船（共同浴場）二カ所が完成し、関山権現・薬師如来・金毘羅・

▼竹は節を抜いて、パイプ状にして湯を通した。

日朝寺（高田寺町三）には、温泉奉行松本斧次郎の墓がある。同寺には、温泉の通湯のために、寺内の竹も使われたという話が伝わる。

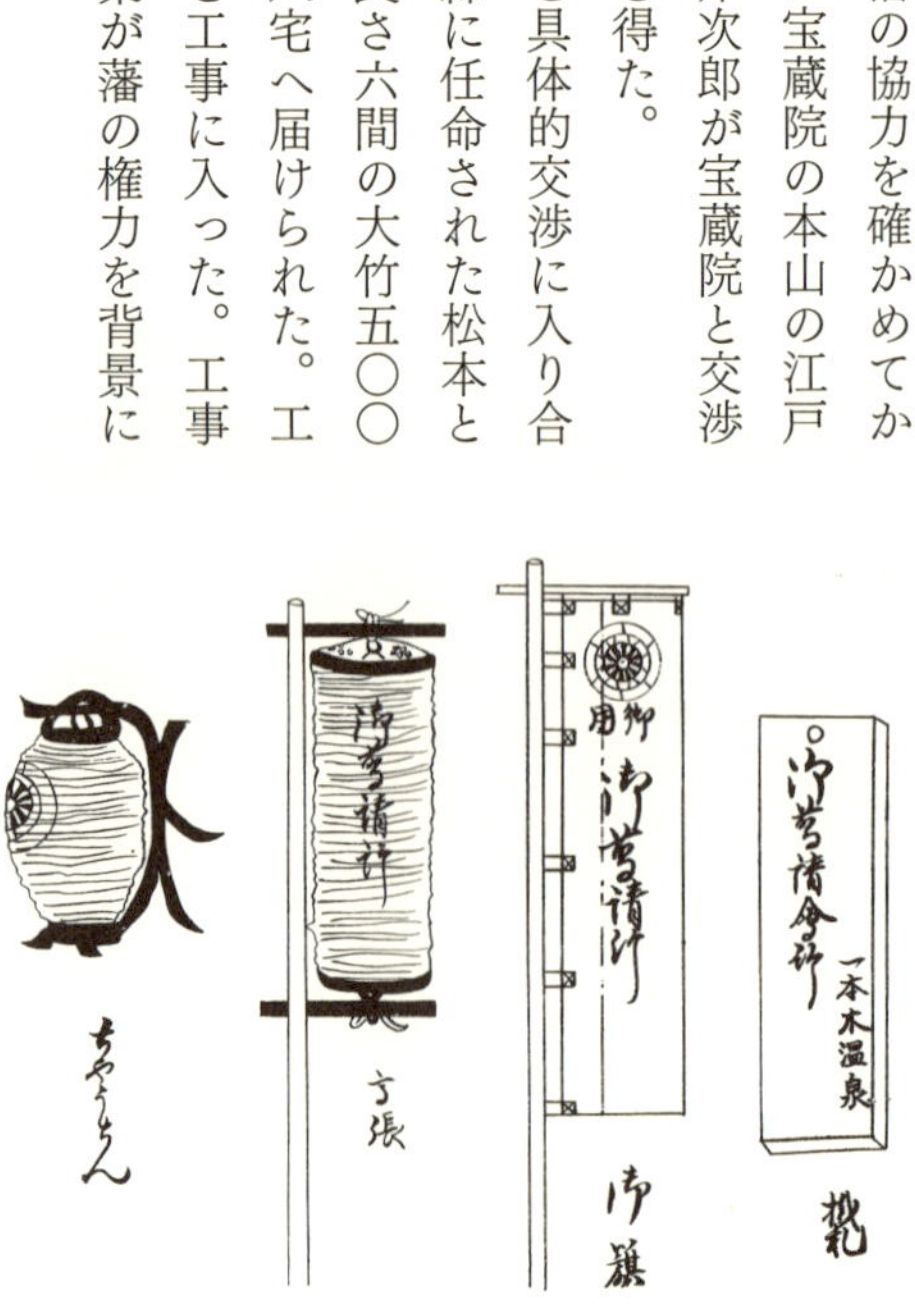

赤倉温泉開発に当たり、高田藩が貸し付けた工事場の旗と提灯等
（『赤倉温泉沿革史』渡辺慶一著・赤倉温泉組合・昭和三十年（一九五五）刊より）

毘沙門天の四神仏を勧請し、御幣を四カ所に埋め、この日を祝った。
文化十四年には、温泉宿一〇軒が完成し、文政七年(一八二四)には一二軒となった。幕末には温泉客も増加して嘉永二年(一八四九)には一万四〇五九人を数えた。その中には、中越方面、能登・越中方面からの善光寺詣での人々が含まれていたとのことである。

これより先、文化十三年から新田開発も始まり、天保十年(一八三九)頃一本木新田となり、庄屋・大肝煎仮役も置かれた。この頃、温泉手代白石栄十郎が馬鈴薯から葛粉を製造する方法を導入し葛粉は赤倉の特産物となった。村で製造された葛粉は湯治客に喜ばれ、蒲鉾の材料として高田・柏崎・糸魚川方面に移出された。嘉永三年には藩に五一両の冥加金を上納したが、経営は必ずしも好調ではなかった。

草生水の滲出

関田山地から流れ出る飯田川・櫛池川及び別所川流域は、古くから草生水《くそうず》(石油)・風草生水《かざくそうず》(天然ガス)の地表滲出地として知られていた。

この草生水については、『東頸城郡誌』では、「石油は〝クサウズ〟臭き水の義と称し、古来、草生水・草生水油・石脳油・石漆・山油・石炭油等諸々の名称あるは皆石油の事なり」とあり、時代や地域によってさまざまな名で呼ばれていた様子が知られる。

近世に入り草生水が灯火燃料、薬用として需要が急速に増してくると、天保十年(一八三九)九月、高田藩においては、領内の草生水の滲出状況の調査を進め、牧区内の川原・川端・土手及び田の畔等において滲出し、松之木村二カ所、原村五カ所において自然発火していたことを記している。★

▼風草生水調べの道筋

昨日松之木村、原両村江飛脚相立、風草生水為見届、昨夜四ツ時後ニ相返り申候、松之木村江ハ二所計火ハ出、原村ハ五所も火出申候、尤川原又ハ田ノ畔、川端、土手等江樋ニ火罷出申候間、見届相帰申候、尤道筋、

御領分 上稲田村　同 鴨島村　同 小[子]安村　新町村　御預所 池村
御領分 下富川村　同 稲　村　同 野尻村　御預所 東高津村
同 飯田村　同 油田村　同 森田村　同 北方村
同 荒井村　同 松之木村　下昆子村　同 上昆子村
同 湯谷村　原村

右村迄ハ四里余モ有之申候、此段申上度如斯ニ御座候、以上

九月四日　神村武八郎

岡田金四郎様

出典、「万年覚・十五印」、『高田藩政史研究・巻四』中村辛一編

草生水は、灯火に利用されてきた。引火し易く危険であったが種油に比して価格は安くしかも光が強かったので需要が次第に増えてきた。灯火としての利用方法、器具等については、幕末に刊行された『越後野志』に、「磁器ノ徳利ノ中ニ油ヲ入、徳利ノ口ニ管ノ穴ニ灯心ヲサシ燃ス」とあり、防腐の効用については「雨露ニウタルル板木ニ塗、能堪テ久ク不朽」と見える。

草生水は、薬用として珍重され皮膚病一般（湿疹《しっしん》・疥癬《かいせん》・田虫《たむし》・皹《あかぎれ》など）に効用があると伝えられている。下昆子の「あわ草生水」は、薬用草生水として江戸末期に起源を有し、明治初年（一八六八）、政府の薬用許可を受け、その後も宝田石油株式会社と「あわ草生水」採取に関する契約を取り交わす等、採取の伝統が守られてきた。

草生水井の開発と運上金

草生水は越後中将家時代から開発され、天和元年（一六八一）「越後旧領運上役是、向後取立可然物」に別所・松之木・松之山・赤田村の「草生水運上金三三両一分銀一〇匁五分」と記録されている。また、元文元年（一七三六）、下昆子村で運上一貫文を納めたと『郷土志』★に見えている。

元文五年、下昆子村の庄屋太郎右衛門と長百姓文左衛門は、川浦代官から草

▼『郷土志』
近藤信吉編纂、牧村教育会、明治四十二年（一九〇九）刊。

生水油の産出量と値段について問われ「冬中は出方は少なく、悪天の日は油取りができない。夏中は数日に一度、四合ずつ採油し一年に五斗から五斗五升ほどになる。値段は油一升丁銀百匁である」と答えている。また、宝暦四年(一七五四)、太郎右衛門は、荒井代官に草生水油の採油の様子について「当村地内で草生水の出油する場所は、五、六間程の範囲に深さ二尺程に回り三尺程の井戸が三つあり、そこに油は水に浮いている。二、三日に一度、葭《よし》の尾花を数本くくりつけ、それで掬いとる」★と届けている。

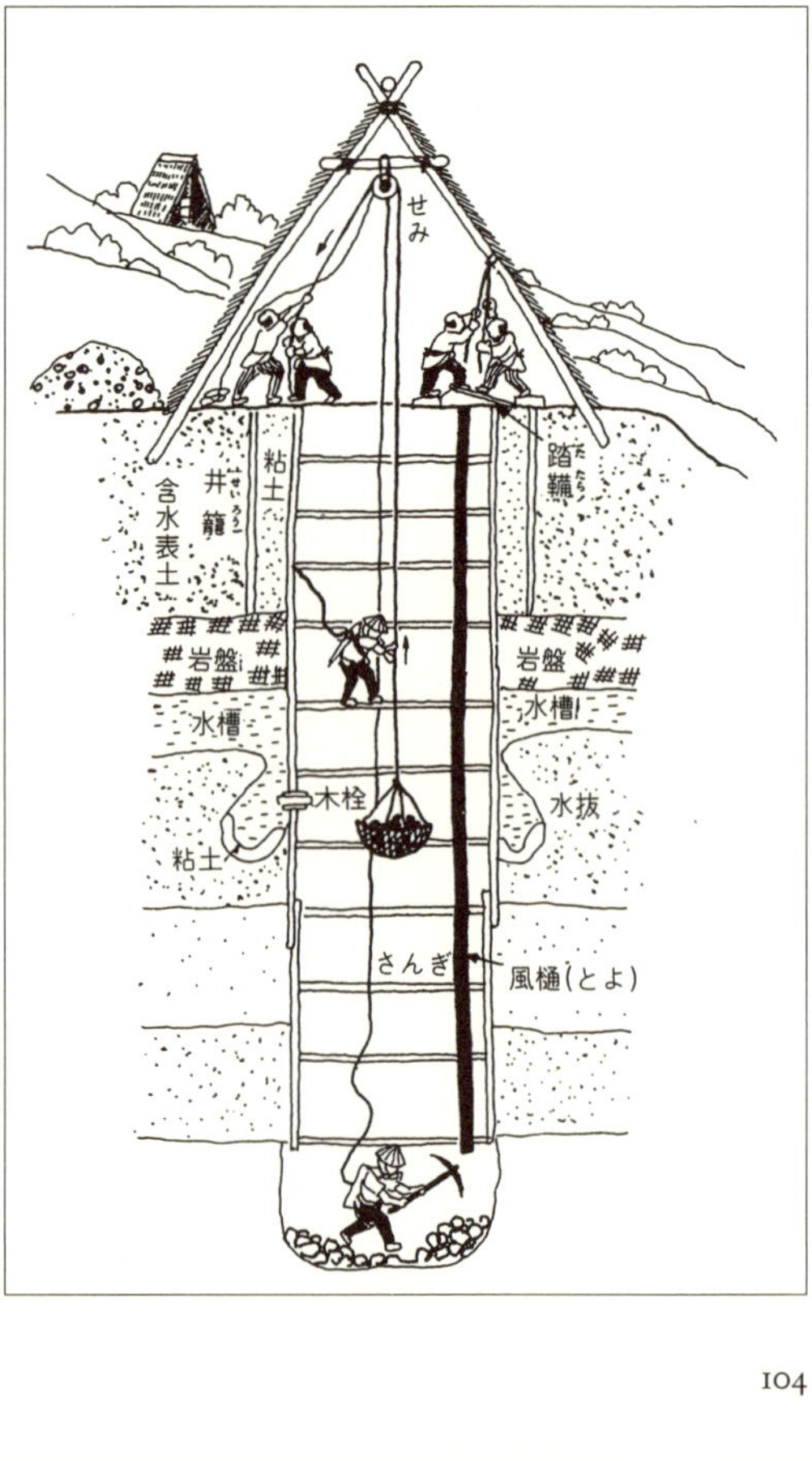

手堀井説明図
(『わたしたちの牧村』より)

化政期に於ける草生水井の開発

化政期(十九世紀初期)に入ると、草生水の需要が増加し、草生水の採取法も自然に滲み出た油が水面に浮いているのをすくい取る方法から油気のありそうな場所を見立て井戸を掘り下げて採油が図られるようになった。

▼「下昆子・松野理家文書」(『牧村史』〈牧村・平成十年(一九九九)刊〉掲載による。

文政十一年(一八二八)十一月、国川村の近藤源右衛門が稼人(元札)として国川村字川尻に草生水の「問《とい》掘《ぼ》り」★を高田預所役所に出願して認可を得て、同年十二月、村中及び小川・岩神・田島の隣村と契約を結んで、国川村の小右衛門・松之木の作左衛門を親方として油源を求めて掘鑿した。翌年十二年四月、出油量は七合に達した。この時点で高田御預所の掛役人松尾岩之助の検分を受け稼動した。草生水井戸から採油されると、同村の医家近藤定右衛門玄貞は、「石脳油三斗五升入一五樽、二斗入五〇樽、計六五樽」を稲田まで運び出し、そこから高田藩医松本洋伯の仲介で今町から江戸に廻航し、二〇両三分二朱銭三四八文を得たという。★

風草生水(天然ガス)から墨製造

草生水油の湧出する場所からは、天然ガスが噴出する所もあった。この風草生水を燃やし、煤(煙炭・煙気)を採り、これを原料として墨製造の技術を導入して墨の製造を図った。生産が軌道にのると、岩神村礼助・棚広新田彦四郎・高田下小町の加賀屋与七郎を売り捌き人として販売にこぎつけ、棚広村の年貢割賦状には「煙炭取集冥加」として文久元年(一八六一)から毎年五貫、慶応二年(一八六六)から明治三年(一八七〇)まで五貫六〇文を上納している。★

▼**問掘り**
草生水のありそうな所に願いを込めて掘るさま。

▼『東頸城郡誌』東頸城郡教育会編纂・大正十二年(一九二三)刊。

▼桑原久「江戸時代における牧村の草生水」『牧村史研究叢書・第二号』牧村史編さん室、平成八年(一九九六)刊

これも高田

二百十余年、時を告げた「時の鐘」

「時の鐘」は、松平光長の母にあたる高田姫勝子が、城下の人々の暮らしが豊かにとのことで、寛文六年(一六六六)十一月、時を知らせる制を設けたことに始まる。

瑞泉寺(現南本町三)に現存している時の鐘は、高さ一三二・一センチ、口径九二・二センチで、「寛文九己酉歳五月吉日鎔士肥左兵衛藤原宅次造之」と銘が刻まれ、時の鐘の制が設けられた後、暫くして鋳造されたことが知られる。

時の鐘の鐘楼は、呉服町(現本町二、三)の町年寄吉田七兵衛の屋敷(屋号、鐘搗堂《かねつきどう》)に置かれ、代々の七兵衛は、尺時計(日時計)などで時刻を計って一時《いっとき》(二時間)ごとに昼夜一二回、鐘を撾いて時を知らせてきた。

鐘の音は、『徒然草』第二百十九段に「黄鐘調」がよく通り美しいとあることから、佐渡の金を混ぜて鋳造したとの伝承がある。

鐘の音色は素晴らしく、「町に過ぎたる犬・寺・道心・時の鐘」と謳われ高田の名物となり、日本海まで届いたとのことである。明治七年(一八七四)五月二日、瑞泉寺が火災に遭い、鐘楼と共に梵鐘も焼けて損傷してしまった。九年、瑞泉寺は「時の鐘」を譲り受けて再建することができた。寺の鐘は煩悩を払うとのことで鐘の疣《いぼ》は一〇八個とされるのが通常であるが、同鐘は一〇〇個である。

藩儒東条琴台は、漢詩の素養が深く、真宗寺(寺町三)に「高田十二景」と題しての五言体詩十二篇からなる漢詩が伝わる。なお、同作品は、六曲二双の屏風に仕立てられて寺宝として伝えられている。詩に読み込まれた諸相により、すでに見られなくなってしまった幕末当時の高田城下の様子が偲ばれる。その中に、「時の鐘」について詠んだ「馬出時鐘」が見られる。

次に漢詩の本文とその意訳を掲げておく。

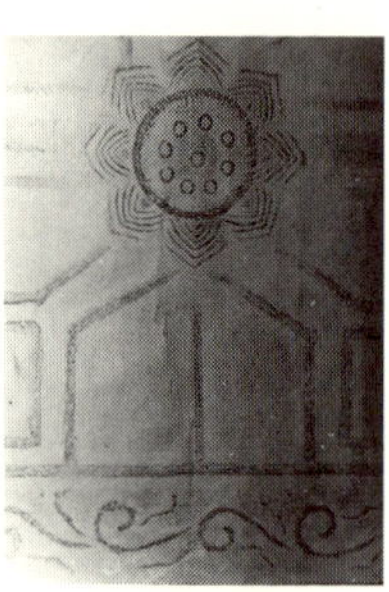

時の鐘の文集
(拓本の写真)

馬出時鐘
城市撞鐘舊　朝昏報六時　時清音有待
世穏響無私　九夏催涼促　三冬督睡遅
載馳人擾々　園闠仰雍熙

お馬出しで聞く時の鐘

城下で鐘を撞く習わしは古く、朝の暗い六ツ時に時を報じてきている。人々は日々この響きを待っている。この世は穏やかであり鐘が騒動などによって乱打されることはない。九十日間の暑い夏には、涼を促し、三カ月もの寒い冬には、睡りをもたらしてきた。荷物を運ぶ人々で一日が慌ただしく始まる。町を固める出入り口において輝く朝日を仰ぎ見る。

〈付記〉、「時の鐘」は、昭和五十一年(一九七六)二月十三日、市指定有形文化財に指定。(鐘の仕様、高さ　一三二・一センチ口径　九二・二センチ)

第四章 教育文化を愛し義を重んず

学問を重んじ礼節を尊ぶ気風が長年培われ、時代を拓く人材が育った。

1

高田藩の教育・学問

高田藩は領民の教化を目指し「忠孝条目」とその注釈「御条目管窺」を作成、生き方を平易に諭した。

榊原政令は、優れた学者を招聘し藩士に学ぶ喜びを培い、次代を開く人材の育成に資した。

藩校「修道館」の開設は戊辰戦争の始まりと重なり、苦節の道を歩んだが近代教育の礎を築くこととなった。

「忠孝条目」の登場

榊原第七代の姫路城主榊原政祐は、領民の教化を目指し、儒臣の久代将業と弟寛斎に命じて「忠孝条目」を作成させたが、改易となり、姫路ではその実を果たすことはなかった。榊原家の高田移封後、寛保四年(一七四四)二月、高田藩の条目として布告された。十一代政令はこの「忠孝条目」を領内の大肝煎、庄屋に頒布し、正月や盆に農民や町人を集めて読み聞かせ教化を図った。この時期、幕府は天保の改革を進め、質素倹約、道義高揚に努めた。この「忠孝条目」の読み聞かせは、公儀布令の実践でもあった。

この条目で孝行については、次のように記されている。

一、孝行の事は如何様の愚昧なるものも、善事と可存候へ共己が利欲に引かれ、又は妻子にほだされ、親には麁略《そりやく》に成候族多有之ケ様の風俗を幼少の者見

馴聞馴候てさのみ悪き事とも不存、自然と不孝に成候、不孝の者は畜類にも劣り候と至て軽き百姓迄存候様に頭百姓常々可申聞事

「忠孝条目」の理解を深めた『御条目管窺』

『御条目管窺《ごじょうもくかんき》』は、「忠孝条目」の条目に平易な注釈を加えそれにまつわる和漢の故事を例にあげたものであり、天保十四年（一八四三）、三上則義が上梓したものである。

三上はこれを榊原政令に献上したところ、政令は謁見し、「条目の精神をよくとらえ文章も申し分がない」と、いたく賞美して桐箱入りの煙草入れを下賜した。

三上は、上小野村（柿崎区）に享和三年（一八〇三）に生まれ、二〇歳の時、江戸に上り、井部香山の塾に入門し漢学を学び、前田夏蔭の門で国学を学び和歌の素養を積んだ。文政十一年（一八二八）上小野組一七カ村の大肝煎に任命される。生涯を通して漢学・国学を学び求めた向学の知識人であった。慶応元年（一八六五）、六三歳で没した。

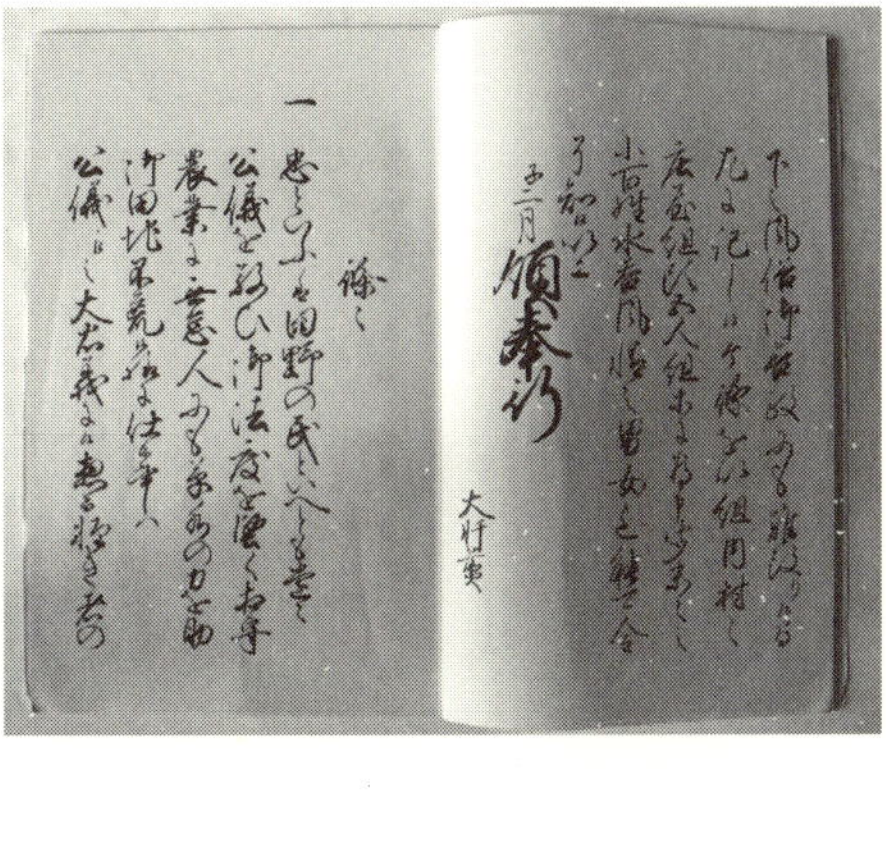

『御条目管窺』

『御条目管窺』の教化の説話

次は、『管窺』における孝の道の説話である。往時の庶民の教化の説話を読み取りたい。

孝とは、すべての子の親に善くつかえまつることにて、百行の源、万善の根元なり、孝経には、徳の本、教のよりて生ずる所とあり。論語には、孝弟は仁を為《する》の本共宣いて、即、愛敬《あいけい》の誠なり。字躰は、老の字のヒを省き子を書て、子の親に承順《うけしたが》うかたちとかや。抑《そもそも》、親は子の身の出たる本にて、ひとつ身も同じことなれば、世の中に父母より親しきものはなく、又生ひ育ちたる恩愛もこれより深きはなし。されば、親の心をうけしたがいていささかも隔てなくうち和《やわら》ぎいつくしみて志にそむかず、又朝夕慕ひ忘るる事なく、飢寒などはいうもさらなり。すべて親の身をも心をもよく養ふを孝というなるべし（略）

諺に烏《からす》に反哺《はんぽ》の孝あり、鳩に三枝の礼ありとて、慈烏《じう》という烏《からす》は鳥《とり》ながらも孝鳥にて、母鳥産落して六十日が間、小鳥をはぐくみ生育《そだて》ぬれば小鳥長じて後、又六十日が間母をはぐくみ返すとなむ。又鳩は親子打むれとびて木にとまり憩ふとき親鳥のとまれる枝より、子鳥は、三枝下にとまるといえり。

こは親をうやまうの礼なり。或人の歌に、鳥すらもはぐくみかへすことわりを、しらずはいかで人というべきとよめり（略）

（註、原文をできるだけ尊重したが、一部、現代仮名遣い、当用漢字にした）

かく、「孝行」に関して、「孝は愛敬の誠、孝なる人は善人である。孝行な人の子はまた孝行なり」と、人の道を説くかたわら、「〈孝〉の字体は〈老〉の〈ヒ〉を省き〈子〉を書く」と、論理を超えた注釈も加えられ、諺の「反哺の孝」、「三枝の礼」を引き、鳥でさえも親を敬っている、まして人であるならばと、丹波の国の百姓為助の「冬の寒き夜は、おのが膚《はだえ》をもて衾《ふすま》をぬくめて寝せ、父母の足を我が懐に入れてあたため、さて夏の暑き日には樹の蔭をえらびて、父母の床をすえ扇をもてあおぐ」との事例に触れて真心をもって不断に仕えるべきではなかろうかと訴えている。そして賢者として知られる「孔子の言葉」を引いて敷衍している。

以下、続く条目において次のような諭示、例話を織り込むなど構成に工夫を凝らし、興味深い展開を示している。

- 所の風俗を厚くすることは世の善政の根本なり。悪事を見逃すべからず。
- 欲心は我まま心である。人心とは仁の心であり、怨であり聖人の心である。
- 堪忍のできぬは我まま心なり。覚悟あれば灸をこらえ、覚悟無くば飛火に驚く。
- およそ男児は若き時よりものにこらえることを習うべし。

・今の世の友は癖友多し、酒伴《さけのみ》・博徒《ばくち》の友と契りを結び身を滅ぼす。少しも益なし。
・大金を手にするは、ただめぐり合わせの到来にすぎざるなり。
・恩を忘れる者、吝《りん》しょくは愚夫の道。
・徳行人物の例話、「唐の友貞（孝行）、後漢の姜詩（嫁姑の調和）、王覧と王祥（継母子）、昔の王述（短慮の戒め）、熊沢蕃山の裁判（兄弟の争い）、後漢の崔子王（報恩）」等々。

学問の奨励

政令の学問は徂徠学の流れをくんでいたが、単なる徂徠学ではなく、「寛政の五鬼」の一人と目される山本北山《やまもとほくざん》や「江戸時代最後の考証学派の儒家」として知られる大田錦城《おおたきんじょう》に学び折衷学派に属していた。山本北山は、「諸侯中の俊秀である」と称えている。

臣下には中島嘉春、大久保好如（鷲山）などの儒者があり、石橋清三郎は子弟の教育にあたった。一方、朱子学派の柴田直可、丹羽修篤は共に私塾を開いて、「四書」、「近思録」を教科書として子弟の教育に当たった。このほか、朱子学を学ぶ者として川上直道、大須賀信章らがあった。

さらに政令は、井部《いべ》香山《こうざん》、木村《きむら》愚山《ぐざん》、東条琴台《とうじょうきんだい》(後出)をはじめ、箕作阮甫の推薦により砲術書の翻訳家として知られた蘭学者の小山杉渓らを招いて禄を給して藩の子弟を学ばせた。天保十三年(一八四二)に、幕府は十万石以上の大名に対して諸書の翻刻をさせたが高田藩が割り当てられた『明史稿』は香山・愚山らの努力で見事完成した。なお、小山杉渓は、政令の特命を受けて西は長崎、東は樺太と国内の情勢を調査し詳細な報告をしている。

かくして政令の時代には、藩学にとらわれず多様な学派に属した多数の学者が輩出し学問に活気をもたらした。

政令の庶政に対する態度

政令が、自ら細かく庶政★に意を用いていたことを物語る挿話が多い。それらは藩政指針となり、藩士、領民の規範ともなった。

政令は、文化七年(一八一〇)家督を相続し翌年、高田に入るに際して、道中は駕籠には乗らず、草鞋ばきであったという。なお、参勤交代においても徒歩で道中を過ごし、江戸・高田に入る時、行列を整えたとも伝えられている。★

封建制の行き詰まりの要因の一つは、世襲制にあるとして、政令は式日のほかは自ら城外の対面所に出て親しく藩士と接し、家格を論ぜず才能のあると思われ

▼**庶政**(**諸政**)
各方面の政治。

る者を用いた。これらは形式を捨てて実質的なものを重んずる態度を示したものと思われる。

　政令は隠居後も政務をとり、これを非難する者があると、政令は「檀《せんだん》のいつまで青き梢かな」★という句を作って笑ったといわれている。

「檀《せんだん》のいつまで青き梢《こずえ》かな」
▼榊原政令の和歌。号を桃塢または塢水といった。
（東京都杉並区榊原家蔵）

　政令が高田入りして間もない頃、ある工事の検分に臨んで、いちいち目論見帳に引き合わせて細かく調べた上、「合わせ目のない板、頭のない釘を用いて美しく見せようとしたことは良いが、城郭や士分の家の工事は、外見の美しさよりも堅牢を主とすべきである」と諭した。

　藩士が扶持米を受けるには勘定奉行発行の手形を蔵方へ差し出し正米と引き換えた。そして毎年八月に正米と全手形を引き換えて精算した。ある年にこの手形二枚が足らずに蔵方が調べたが発見することができなかった。このことが政令の耳に達した。すると政令は、「春に手形の様子を見ようと取り出して、返却することを失念した。よくぞ調べてくれた」とその精励ぶりを称讃した。

　これらの挿話は、『榊原政令公御事蹟』中において、前者は、「工事ヲ検分シテ吏員ヲ戒ム」、後者は「手形ヲ隠シテ正否ヲ試ム」と題して見える。

藩校設立への道

榊原家の藩祖康政は文武両道を奨励したので、家臣達は昼は武技を練り、夜は学問を学び、講義が終わると握り飯を食べて解散するという会をつくった。この会は「ヘンテツ会」と言われ高田移封後も続けられてきた。

十一代政令は、異色の儒家東条琴台はじめ多数の儒者及び蘭学の小山杉渓らを招聘し、考証的手法を取り入れた経書の解釈を加え、直面する諸問題に対し実践的な経世を求めようとする折衷学派を重視した。この頃から藩校設立の機運が芽生えたものの、政令死後も再度にわたる将軍家茂の上洛の随行(文久三・元治元年＝一八六三・一八六四)、長州再征の出陣(慶応元＝一八六五)、善光寺町出火の大火(元治元年・焼失戸数一九九〇戸)、下紺屋町天満屋の火災(慶応二年)など不測の事件や災害に襲われ、藩校建設はやむなく遅れてしまった。

「脩道館」の開設

高田藩は、長州再征に参加し時代の激しい流れを知り、人材確保の必要に直面し改めて文武の教育の重大性を確認した。十四代藩主政敬は、今こそ藩校を開設すべきであると決意した。計画案では学舎を城外の対面所（大手町、榊神社の地）に設け、領内一二カ所に分舎を設け、それぞれに資金を支給し運営しようというものであったが実現したのは、慶応二年(一八六六)十一月、対面所を藩校と

▼脩道館職員

学校総裁	原田	兵庫
同副総裁	清水	大内蔵
大監察	柴田	一郎兵衛
監察	庄田	伝次郎
教官	東条	文左衛門
教官	木村	一太郎
教官	倉石	典太
教官	井部	潜蔵
助教	小山	杉渓
助教	中村	春作
助教	渡部	健蔵
助教	室	孝次郎
助教	加藤	弥三郎
助教	神岡	玄良
助教	加藤	雪谷
日講方	杉本	清
日講方	福富	礼
日講方	関本	文四郎
句読方	岡島	八十郎
句読方	牧野	太郎四郎
習字漢様	中根	松柏
習字和様	伊奈	新太郎
習字漢様	小山	源太郎
習字和様	神岡	与五郎
数学	小林	百哺
数学補	船田	利八太郎
数学補	小林	桂作

(句読方、二一人氏名略)

出典、『高田市史・第一巻』

することのみであった。開校して間もなく、戊辰戦争が始まり満足な教育を進めることはできなかった。

明治二年(一八六九)六月、版籍奉還となり各藩主は知藩事に任命され、高田藩でも諸般の改革が持ち上がった。その中、教育の振興が急務であるとの声が高まり、本格的な藩校設置に踏み出した。同年九月、大監察柴田一郎兵衛、監察庄田伝次郎(直道)を藩校設立掛に任命し準備に取り掛かった。今まで藩校として使っていた対面所は、版籍奉還後、藩知事榊原政敬が城から出て居住していた所であるため、藩校は岡島町(大手町)の領奉行所に移し、書籍を購入、諸規則を制定して学校として整えられ「脩道館」と称され同年十月二十三日、開校式が挙行された。知藩事が出席して勧学をさとし、基金を付与した。なお、同館は藩士やその子弟のみでなく、一般の人々の聴講を許し、幼い者のために小学科を設けた。

学舎と運営

藩校にあてられた領奉行所は藩領内の民政を司った役所であった。そこには奉行役所と奉行役宅二棟と土蔵、物置などがあった。

奉行役所は講堂として使われ中根半嶺の書になる「脩道」の額が掲げられ、土蔵に書籍を納め脩道文庫と称された。役宅は事務所・寄宿舎にした。校内入口の

脩道館の様子
(『追思有感』庄田直道編・明治三十四年四月刊より)

右側に新築した二階建ての学舎は、学習の場となった。
明治三年(一八七〇)秋、太政官布令に基づいて藩学制を改め、生徒は次のように分けられた。

- 八歳～一五歳　小学生徒（この中の秀才を中学生徒とした）
- 一五歳以上　中学生徒（この中の秀才を藩学生とした）

藩学生の就学期間は三カ年で、春と秋に行われる試験に三回失敗すると退学になった。藩学生はいわば研究生のようなもので、助教などが欠席した時には代講することもあった。小学生は毎月小試験があって、成績の良い者には文武共に賞品を与えた。藩校に学ぶ生徒の学習年齢は八、九歳から二七、二八歳までであった。修道館の学費は二五〇〇両と山林一八町歩余（中頸城郡岩木村の田地を学田として開墾の予定）の収入によって、月謝は徴収しなかった。

こうして厳しく選びぬかれた藩学生のうち、福富　糺・杉本清・栗原与八郎・内藤健太郎・鮫島晋・石川中全・杉本直形・上野貞斎の八名は学資として銀五匁ずつ給せられ、洋学や医学修行のため東京に留学した。廃藩後はその援助はなくなったが石川、杉本、上野の三人は自費で大学に進み、のちに軍医となった鮫島は開成学校（のちの東京大学）に入って洋学を学んだ。

脩道舘額
（上越市立大手町小学校蔵）

これも高田

善光寺地震「くどきやんれい節」

　弘化四年(一八四七)三月二十四日亥刻（午後十一時）、長野地方を震源地として大地震が起き当地に大きな被害をもたらした。この地震は震源地の名から「善光寺地震」、年号から「弘化の地震」とも言われてきた。なお、寛文五年(一六六五)の「寛文の地震」及び寛延四年(一七五一)の「寛延の地震」と共に、藩政時代の三大地震と称されてきた。

　当日、震源地の長野では、善光寺の開帳にあたり参詣人で賑わっていた。その夜、大地震に襲われ、火の手が上がり、善光寺は本堂を残して町内の大半が焼けて、近くの虚空蔵山は崩れ落ち犀川に押し出し、川を堰き止め、谷間の三五カ村は水底に沈んでしまった。

　「高田城下並に郡内震害御届書」において、「地震の被害は、高田城の門、橋、建物が大破し、大手門橋をはさんで左右の土手が五十間も崩れたのを始め、町やの潰家は四百七十七軒、大破は一千五百四十一軒、田畑の被害四百二十四ケ村、山崩れ二十四ケ所、用水溜の崩れ十八ケ所、用水江筋等の破損百二十五ケ所、関枠、水門及び樋類の破損六十六ケ所に及んだ。だが死傷者は少なく、死者五人、怪我人二十八人に止まった」と記している。

　「御届書」の余聞記事に、二十四日に続いて二十九日昼九ツ時（正午）再度、地震に見舞われたという。二十四日の地震は、西北の方より大風が発するように震動し、南東の角に向かったように感じ、二十九日には、南西の角より震動して東南の方へ進んだように感じたとある。城の堀の鯉や鮒が浮かび、鳶や烏が群がっていたと悲惨な状況が見える。

　ところで、この善光寺大地震の様子について歌った「信州越後地震くどきやんれい節」が伝わるが、これにより、地震の被害の範囲、被害の状況、人々の戸惑いの様子などが窺える。

天地　サアエエ　開けて　不思議と云ふは　近江湖　駿河の富士は　わづか一夜に出来たと云ふが　それはさて置き　昔のことよ　今度　不思議は　信州の地震　花の三月　下旬の頃よ　二十四日の　夜の五ツ頃　さても哀れは　地震の場所は　かみは飯山　松本までも　哀れなるかや　数多の人が　親も小諸も　みな打ち捨てて　のぼる間もなく　上田の城下　越後辺まで　五十里四方　町も城下も　ただ一面に　家は潰れる大地も割れる　何処も彼処も　出火となれば　焼ける町家のその場所しれず　それをあら町　尋ねてみれば　ゆるぐ地震も　長浜宿よ　さても危き　水内の郡　藪を目当てに　あら柏原牟礼野尻は　越後路なれば　心関川　中山越えて　荒井心も　最も叶はぬと　神や仏に　両手を合はせ　助け給へや　神々様と　老いし吾が身は　いとひはせぬが　いとけなき子を　助けて給へと　叫ぶ声さえ　高田に響き　渡る千曲の川中島よ　ここは飯山　御城下辺は　前に川ない　後は山よ　山は崩れる　大地は割れる（以下、略）

註、くどき節は、『諸国民謡精査』(白鳥省吾編・東宛書房・昭和十一年(一九三六)刊）による。

② 有為の人材を育成した人と私塾

幕末期、小笠原諸島の重要性を唱え幕府に追放された東条琴台、蘭学者小山杉渓らを高田に迎えたり、藩儒の塾をはじめ倉石侗窩や小林百哺など町人の塾が開かれたりして、学都の趣を呈した。それらで学んだ俊才は、各界、各地で活躍した。そのなかには、郵便の父と称される前島密もあった。

昌平黌を追われた東条琴台

東条琴台は寛政七年(一七九五)、江戸の町医者の三男として生まれた。通称は文左衛門、琴台は号である。亀田《かめだ》鵬斎《ほうさい》・大田錦城・山本北山、尾藤《びとう》二州《じしゅう》などについて儒学を学び、林家に認められ、昌平黌の教授に迎えられた。高田藩主榊原政令も琴台を江戸屋敷に招き学問を講じさせ、林鵞峰著の『寛永系譜』(三七四巻)の校訂などを依頼した。

天保三年(一八三二)春、交友が広く談論を好む琴台は、江戸の文人墨客たちを柳橋の酒楼に招いて盛大な宴会を催した。林家は、琴台のこのような催し物は「質素の風に反する振る舞いである」との理由で破門し昌平黌への出入りを差し止めた。琴台はこの処遇に対して「除門会」と称して再び諸友を招いて破門の披露宴を湯島の酒楼で開いた。当代名のある諸士、雅俗取り混ぜて八〇〇人を超え

東条琴台肖像
(『東條琴臺』西尾豊作著・東京堂書店・大正七年(一九一八)刊より)

る集いであった。★政令は、琴台の破門を機に、藩の儒臣に迎えることにした。

『伊豆七島図考』を著して時世を警告

嘉永元年(一八四八)八月、琴台は『伊豆七島図考』を著した。同書の中に「小笠原諸島は、文禄年間に信濃深志城主小笠原貞頼が発見した島であるのに今は無人《ぶにん》の島である。近海に出没する外国人に取られては一大事である」と警告した。これが幕府の政道を非難したものとして、同三年琴台を高田藩江戸屋敷に幽閉した。翌四年五月、禁が解かれたが、江戸からの追放処分を受けることとなり、政令は琴台を国元の高田に移すことにした。

同六年、米国のペリーが小笠原諸島の探検を行った。琴台の懸念が現実のものとなった。幸い植民地にはならなかった。

現在、英語版の地図における小笠原諸島は、「Bonin Island」と記され、琴台の指摘した「無人」の音に通じている。

頸城の地をこよなく愛して

詩文に長じ「人の需むるあれば筆硯に親しみ、高田地方到る処の壁間、屏風、

▼除門会の参会者の様子

当日の参会者は為永春水の記録などからすると、おおよそ次のような人々であったという。

〈本画師〉谷文晁・谷文一及び谷一門、渡辺崋山、有坂蹄齊、南嶺、南溟、鈴木有年、長谷川幸旦、一峨
〈書　家〉関根江山、関金六、松本董齊
〈浮世絵師〉歌川国貞、英泉国直、歌川広重、柳川重信、葛飾北斎、国芳
〈戯作者〉柳亭種彦、為永春水、墨川亭梅麿、笑亭鯉丈、東里山人、烏亭焉馬、山東京伝
〈歴々家〉石川疊翠子、屋代弘賢翁、山本法眼、山本昇亭子
〈儒　者〉大郷金蔵、大窪天民、菊地五山
〈狂歌師〉芍長長根、梅の屋かきつ、六竹園白酒

(『東條琴臺』西尾豊作著・東京堂書店・大正七年(一九一八)刊より)

唐紙に琴台の書を見ざるなし」と、筆をとり作品を残してきた。潤筆料の多くは酒であったと言う。真宗寺（寺町三）に五言体詩一二篇からなる「高田十二景」と題しての漢詩を記した六曲二双の屏風が伝えられる。詩に読み込まれた高田城下の諸相★の中には、既に見られなくなった幕末期の姿が偲ばれる。

慶応二年(一八六六)、高田藩は前代からの宿願とされていた藩校が創設されると琴台を教官に据えた。

新政府に招かれ高田を去る

慶応四年(一八六八)八月、新政府より琴台のもとへ大学で学を講ずるよう命が届いた。大学とは幕府時代の昌平黌であった。翌九月、琴台は上京した。だがこの任は、琴台にとって思いと異なっていたものか、ほどなくして暇を賜り高田に戻った。

王政復古を宣言した新政府は、神祇官を設け神仏分離を布告した。この施策により琴台は改めて政府の招聘を受け、明治二年(一八六九)十一月東京に上り、神祇官において、新政府の祭政一致の施策の理論的支柱の役を果たした。

同十一年九月二十六日、東京浅草鳥越町において八四歳の生涯を閉じた。かつて勤仕した天祖神社に琴台の辞世の歌、「くちぬ名を問ふ人あらはかねてよりな

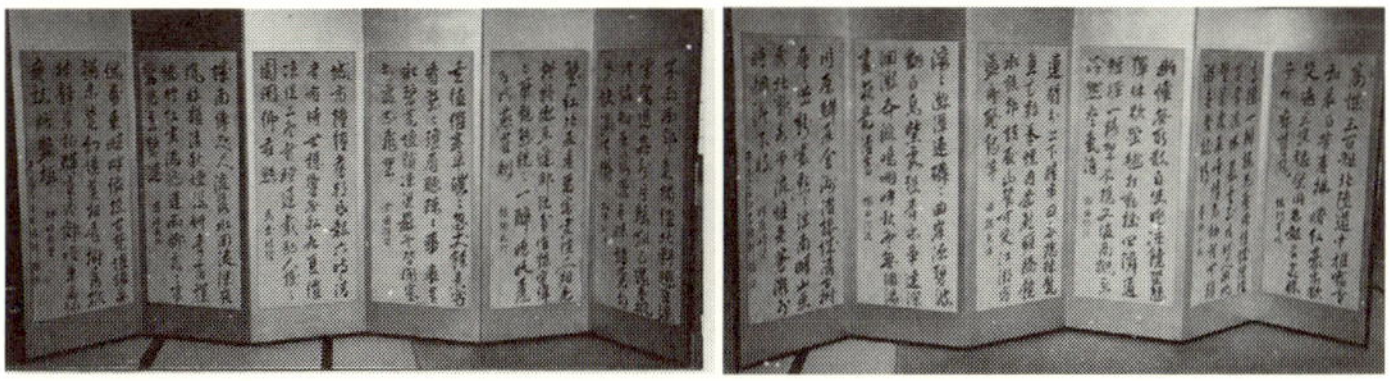

東条琴台の書「高田十二景」（寺町三、真宗寺蔵）

き世の友をまつとこたへよ」を刻んだ歌碑が建てられた。

大正九年（一九二〇）、旧高田藩士清水広博ら琴台を慕う旧藩士らによって、市内、大手町の榊神社境内に、「撰文文学者森鷗外、篆額政友会総裁西園寺公望、書旧藩士書家中根半嶺」になる頌徳碑が建立された。碑の除幕は、琴台の孫の下田歌子によって執り行われた。歌子は、幼名を「せき」と称していたが、彼女の和歌が昭憲皇太后の目にとまり歌が巧みであるので「歌子」とするようにと、その名が下賜された。彼女は、女子の学問を希求して実践女学校を創立した。

学問、芸能に親しむ商家に生まれた倉石侗窩

倉石《くらいし》侗窩《どうか》は、文化十二年（一八一五）、長門町の商人、伊勢屋倉石甚五郎の四男として生まれた。通称を典太、号を侗窩と称した。

倉石家は、家譜によるとはじめ信州川中島辺りにあったが、上杉・武田両氏の抗争を避けて笠原本誓寺に従って古城の福島に移ってきた。のち、高田開府と共に下小町（本町六）に居を構え酒造を始めたとある。一族の中には、町年寄を務め全国の分限長者番付に載るほどに栄えた家や幕末の画家、倉石米山・乾山が輩出した家もあった。

侗窩の生家は「伊勢屋」と称して商売の傍ら和歌、茶の湯、能楽などに加え学

▼「高田十二景」
- 城門春曦（高田城門に注ぐ春の陽光）
- 薬師山桜（金谷山医王寺のしだれ桜）
- 稲田納涼（涼風に誘われた稲田散策）
- 田端魚市（人々で賑わう田端の魚市場）
- 塚田河流（城下西方に流れる稲荷中江）
- 川原晴望（芽吹きが目映い川原町の春）
- 大仏秋月（秋月に映える陀羅尼の大仏）
- 横町花柳（留女で賑々しい横町花柳界）
- 乗国禅寺（籔野、乗国寺の厳冬風景）
- 馬出時鐘（お馬出しの時を告げる鐘）
- 蓮池夜雨（蓮池に降る静寂な秋の夜雨）
- 神明積雪（城下東方出丸神明に積る雪）

倉石侗窩肖像
（上越市、森川家蔵）

問に勤しむの家風を伝えてきた。侗窩の父は、南斎または素聴と称する知識人であり、兄の古泰は、『万葉集』の研究に励み『万葉書緝籠《まんにょうかきつめこ》』という注釈書を著している。

江戸に上り、儒学・兵学を学ぶ

天保四年(一八三三)、一九歳の時、江戸に上り神田駿河台の安積艮斎《あさかごんさい》の見山楼に入門した。門人に栗本鯤《くりもとこん》★、土佐の岩崎弥太郎や高田藩の儒者木村容斎があった。艮斎は、岩代国郡山(福島県)の人で佐藤一斎、林述斎に学び、見山楼を開き子弟を育成すると共に幕府の儒官として昌平黌教授、外国書翰和解御用★を果たした。侗窩は、学問に対する前向きな情熱と自身に厳しい誠実な人柄が見込まれて見山楼の塾長となった。

侗窩は、艮斎に儒学を学ぶかたわら、清水赤城について兵学長沼流を学んだ。長沼流は、甲州流兵学を基盤に、火薬の発達や用兵の進歩など新しい時代の動きを取り入れて築かれた兵学で、寛政の改革を進めてきた松平定信の依頼により海防の計画にも参与している。

▼栗本鯤
幕府時代はフランス式陸軍の導入に努め、軍艦奉行、外国奉行を歴任。明治期は新聞人として活躍、犬養毅、尾崎行雄ら後進を育成。

▼外国書翰和解御用
外交文書の解読、管理に関する事務を扱う。この間、アヘン戦争について論じているが、侗窩もその影響を受けていたものと思われる。

文武済美堂と侗窩の学問・思想

侗窩《どうか》は、天保十二年（一八四一）春、学成り帰郷して翌年春、文武済美堂《せいみどう》という私塾を開いた。その門戸は、身分を問わずに開かれた。ここにも旧典墨守にとらわれることのない侗窩の姿勢が窺える。

塾では、『春秋左氏伝』『大学』『中庸』などが講義されてきた。『春秋』は、中国の魯の国王一二代にわたる史書で、孔子が登場人物の言動に対して批判を加え、大義名分に基づいて正すという立場を取った。それがために歴代中国王朝の政治のあり方、道徳的判断の指標となってきた。★侗窩は、ライフワークとして、『左氏伝』全巻を精査し、自身の解釈を加えて『春秋左氏伝集説』の名で集成した。

塾では兵学の講義も行われ、折々、世界情勢についての講話もなされてきた。次に掲げるのは、侗窩が、アヘン戦争において無残な敗北を喫してしまった清国の轍を踏まぬようにと、日本の将来を案じて詠じた漢詩★の意訳である。

英国の輩が猛威を奮って侵し、我が日本に襲い掛かろうとしている。若し、懲らしめに一撃を加えなかったら、腰の刀は、何時使うのであろうか。

西洋の輩は、鉄砲で脅そうとも、我が日本の兵は、命を惜しまない。砲煙立ちこめる中、身を躍らせ、弾丸あられの如く飛び交う中、平然と進まん。

▼『春秋』における記述は、簡単なものであり、そのため、多様な解釈が生まれた。その中、左氏による『春秋左氏伝』は、生き生きとした記述であると評されている。なお、「伝」とは、解釈という意味を有している。これに、『公羊伝』『穀梁伝』を加え、「春秋の三伝」と称される。

我が国は武勇を尊ぶ国であり、諸国の蛮人は肝を冷やし侵すことはない。
英国の輩、元の国の轍を踏めば、三人しか戻れない大敗を繰り返すであろう。
（下略）

若い塾生達がこれを吟唱する時、憂国の心情をいやが上にも奮い立たせたに違いない。

明治維新に際し、藩論が勤皇、佐幕と二分した時、侗窩は、「我国の朝廷は、二千年連綿と続き、我等は祖先以来この国で育ってきた。然るに今、朝廷に抗する立場をとるのであろうか……」★と、国の行く末を憂える心情を以て、連日、はやる藩士の説得に努めてきた。侗窩の学識は、藩でも求めるところとなり、明治元年（一八六八）、七人扶持を与え儒臣に迎え、翌二年、藩校脩道館の教官に任じられた。

同六年、別に新しい棟を建て、「新塾」と称した。ここでは英語、数学、物理学などいわゆる洋学の教授がなされ、新しい時代の流れに目を向けてきた侗窩の進歩性が窺われる。

文武済美堂から巣立った人々

済美堂の門下生は実に多士済々であり、知られる人物として、郵便の父と称さ

▼漢詩

英夷逞レ毒奥南陲
更向二神州一漫朶頤
若不三膺懲如二一撃一
腰間三尺用二何時一
肯慴西胡火器威
神兵只視レ死如レ帰
挺レ身躍レ馬礮煙下
笑見飛丸迸二鉄衣一
振古神州尚二武威一
百蠻胆慄覬覦稀
英夷若倣二胡元慢一
再見三人纔遁帰
夢従征虜鎮二西天一
建御雷旌樹在レ舷
逆戦将レ衝龍動府
神風吹送万兵船

▼金谷山の「侗窩倉石君碑」の碑文に見えている。

れる前島密、室孝次郎、室貞蔵（孝次郎の弟で戊辰の役参加）、銀林綱男（東京府会議員、埼玉県知事）、瀬尾玄弘（知命堂病院創設者）、大森隆碩（私立訓矇学校校長、盲教育功労者）、渡部健蔵（高田中学校長）、倉石源造（高田市長）、清水宣輝（十五銀行取締役、上越学生寄宿舎創設運営）、高見実英（私塾精励学館開設）等がおり、活躍の世界は郷土のみならず国の中枢に参加してきた。

　侗窩は明治九年（一八七六）逝去。六二歳。金谷山に安積艮斎のもとで共に学んだ栗本鯤撰になる「侗窩倉石君碑」がある。

算学者　小林百哺の生い立ち

　小林百哺《ひゃっぽ》の生年月日については詳らかではないが、五智国分寺境内の碑文に、「明治二十年一月九日病没八十四」とあり、逆算すると、文化元年（一八〇四）ということになる。小林家の過去帳によると、百哺の母は、小猿屋村篠原兵左衛門娘キヌとなっている。百哺は、直江津今町の寄町（中央二）の小林藤八の養子となり娘よのと結婚した。

　幼い頃より学問を好み、今町の高良鷗鄰について読み・書き・算盤、和算を学んできた。天保元年（一八三〇）二七歳の時、京都に上り、司天台都講小島濤山から暦学を学び免許を得て帰国した。同六年、再度京都に赴き土御門家司天官安部

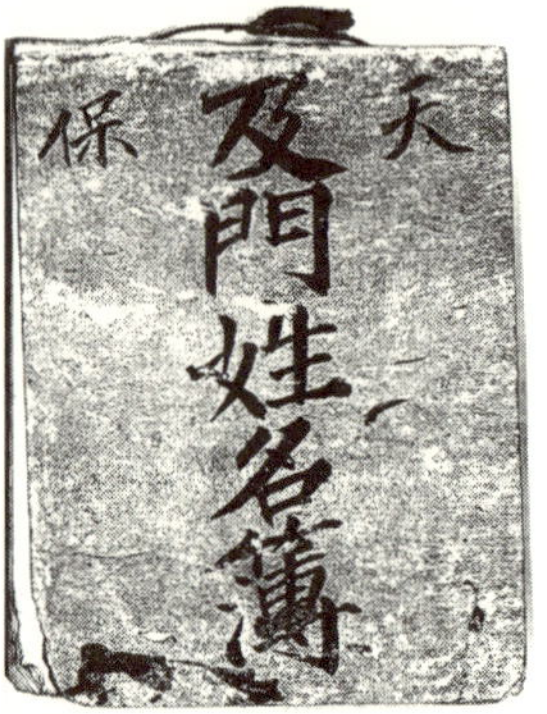

「天保及門姓名簿」（文武濟美堂入門帳）
（上越市、森川家蔵）

小林百哺肖像
（上越市公文書館準備室蔵）

▼牙籌堂
「牙籌」とは象牙で作った算盤の意であり号でもあった。

晴親について、天文・算数・陰陽・暦法・測量を学び免許を得た。塾内で算数の競技があるごとに賞詞を受けてきたという。

「牙籌堂」で算学指導、藩の軍事・教育に励む

京都での学が成ると郷里に戻り、塾を開いて算盤をはじめ天文・地理・易学を教授した。塾の名は「牙籌堂《がちゅうどう》」★と称した。天保八年（一八三七）、土御門家から司天家安部朝臣百哺の称号が与えられ、越後国天文陰陽目代となり名が高まり、塾生は、県内はもとより長野、富山からも集まった。その教えを受けた人は、百哺が幕府の学者小野友五郎にあてた手紙に「門人凡三千人も有之」と見える。

天保十三年高田藩は幕府の命により領内の海岸鉢崎から市振までの間に二二カ所の台場（砲台）を築き、四カ所の遠見番所を設けることになった。百哺は、これらの設計、工事の指導に当たり同十八年に完成させた。下図は「直江津今町港図」であるが、海岸沿いに高崎新田に遠見番所、郷津などに台場が並び往時の様子が窺える。

慶応二年（一八六六）、高田藩は幕命により第二次長州戦争に加わった。百哺は、砲術を教えていた弟子と共に一番隊原田権左衛門部隊に所属し従軍した。陣中にあっては、弟子と共に用意してきた測量器具で現地の測量を試み精密な地図を作

幕末の直江津今町港の様子
（『追思有感』村山和夫蔵）

成し、夜分には、藩士に数学や天文学を教えるなど教育に努めた。藩は百哺の従軍の功を賞し、士分に取り立て三人扶持を与え、今町大年寄格とした。

明治二年（一八六九）、「脩道館」が開設されると、百哺は数学の教官に迎えられた。同五年、学制が発布されると、直ちに百哺は、福永弥平兵衛を助け直江津校を創立し、数学の授業においては、百哺が編纂した教本が用いられた。地租改正に当たっては、百哺の門弟が土地測量に尽力し、事業を円滑に進めることができた。

高野長英を匿い逃避行を援助

百哺の交友は広かった。天保十五年（一八四四）、江戸小伝馬町の牢屋が焼け、服役中の蘭学者高野《たかの》長英《ちょうえい》が切放ちを幸いに郷里水沢（岩手県）へ逃亡の途次、百哺を頼って直江津に入ってきた。幕府や高田藩の厳しい探索の中、福永七兵衛の協力を得て二カ月余りも匿い、さらに逃がしてやった。百哺も七兵衛も長英の優れた才能に敬服していたものに相違ない。

この時、幕府から人相書★を添えた長英探索の示達が高田藩に届けられ、藩の領奉行から大肝煎に探索の触書が廻っているが、文面に、「当国（越後）には、同人（長英）と馴合の者数多有之……」とあり当地は幕府から目をつけられていた

▼人相書

人相書　高野長英

苗字大原とも申候由又は後藤志津摩と変名致候由も有之六ケ年以前亥年中永牢相成居去月朔日逃去野羽織半天股引を着し大小を帯可申哉も難斗

一、歳四十七八位
一、丈高く
一、中肉より太り候方
一、色赤顔にて白き方
一、鼻高く
一、眼細く白眼の処きはみ候
　　俗に銀眼と申候
一、月代前之処はげ居
一、髪厚く
一、髪大いてふ
一、眉毛薄く大き方
一、高声之方にて鼻に掛り
一、額にそばかす染有之由
一、奥州膽澤郡水澤驛出生

（出典、渡辺慶一蔵）

ことが知られる。

百哺は、謡曲、茶道、俳諧など風流の道において一家言を有していた。俳諧は、福永里方《ふくながりほう》の衣鉢を継ぎ、直江津俳壇を牛耳っていた。明治天皇北陸巡幸に際しては、「みゆき路のみつきか稲の穂波うつ」との句が捧呈された。なお、百哺の肖像写真は、慶応元年(一八六五)、日本写真術の始、下岡蓮杖《しもおかれんじょう》になるものである。

明治二十年(一八八七)逝去、八四歳。五智国分寺境内に南摩羽峯撰になる「小林百哺先生碑」がある。

会津藩儒者、南摩羽峯

明治二年(一八六九)、戊辰戦争に敗れた会津藩士は降伏人として高田藩に預けられた。その中に南摩羽峯《なんまうほう》があった。

羽峯は、文政六年(一八二三)、会津藩士の家に生まれ幼名三郎、元服して綱紀、羽峯は号である。会津藩校日新館で学び藩命で江戸の昌平黌で学び助教も務めた。次いで、大坂の緒方洪庵《おがたこうあん》について学び、その後諸国を巡り各藩の事情を視察し、漢学・洋学の素養を備えた開明的な知識人であった。

羽峯は、小学校緊急開設論を唱え、小学校を開設し家に不学の徒がないようにと、主張したという。高田藩は羽峯の優れた学識を認め、地域の人々との交流を

南摩羽峯肖像
(上越市公文書館準備室蔵)

認めた。羽峯が謹慎した寺には、上越の文人学者が訪れ漢詩文を語り、日本の行く末について談論した。その中、羽峯の学校開設論に強く動かされた者に、上増田村（頸城区）の岡田保、のちに有恒学舎《ゆうこうがくしゃ》（県立有恒高校）を設立した針村（現板倉区）の増村朴斎《ますむらぼくさい》の父もいた。

「正心学舎」の開設、その響き

明治三年（一八七〇）、会津藩の謹慎は解除されて斗南藩に転封したが羽峯は岡田らの要望を入れてこの地に残留し、横曾根の大滝米峯の宅を借り受けて学舎を開設した。彼はここに起居し指導に当たった。この学舎の名は、「正心学舎」と称し「塾」の字は用いられなかった。羽峯は「正心学舎規則」を定めた。学舎は全寮制で南摩は寮生と寝食を共にした。学科は七等級に分けられ、それぞれの等級で学習する内容が定められ、七等級は「万国公法」、「諸外国書類」など高度な内容であった。なお、この学舎で学んだ者として、大滝米峯《おおたきべいほう》・田中留六（梶、関温泉開発に尽力）・加藤貞盟《かとうていめい》（樋場、頸城自由党主幹）・保坂武助《ほさかぶすけ》（戸野目）・竹内泰安（高田）・飯塚春塘（富岡）・鈴木文照（島田）らの名が知られる。

羽峯は、上越の著述出版界にも足跡を残している。笠松宗謙の『鶏肋集』をはじめ『江坂香堂遺稿集』、『渡部魯庵遺稿』『増村越渓稿』、『三上南窓詩文集』などに羽峯の名が見られる。なお、五智国分寺境内の岡田保・小林百哺顕彰碑の撰文は羽峯である。

同四年、羽峯はこの地を去った。その後の正心学舎はどのようになったかは不明である。五年に入ると、笠松宗謙らが柏崎県に働きかけ川浦郷学校を建て、大潟の笠原克太郎は大肝煎内山郁太郎と協力して組合立の郷学校を、百間町の山田・滝本らは井部健斎を招聘して温古塾を開設したことは、正心学舎の影響を受けたものと思われる。やがて全国に学制令が発布され教育立国が始動する。

羽峯は同三十六年、東京高等師範学校教授を最後に退官し、同四十二年、八七歳にて生涯を閉じた。

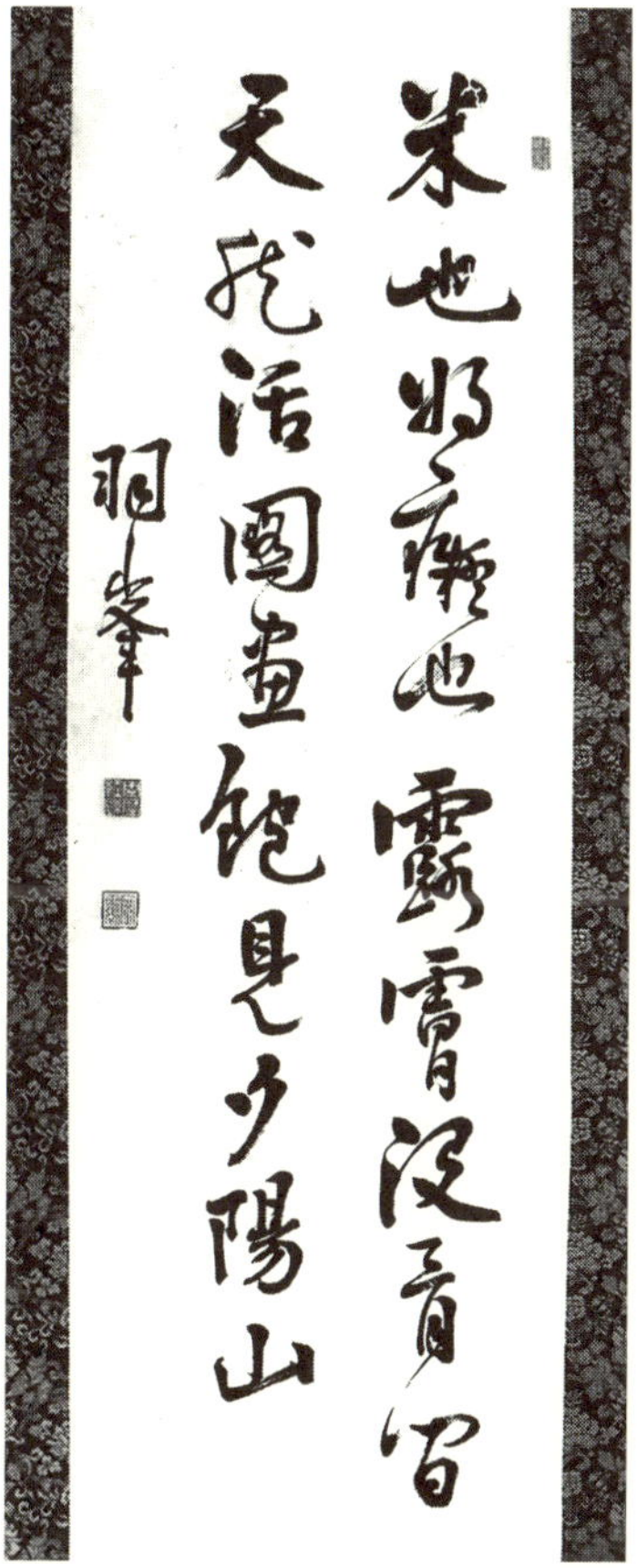

南摩羽峯の書

これも高田

盛岡藩に仕えた尾崎常右衛門恭豊

旧藩士宮川頼徳は、碩学の徒で高田藩の史料を調べ、目にとまったものを筆写してきた。その一つに「高田藩断絶人名簿」がある。

本名簿は高田藩士の諸家の動静を記したもので、最も古いものは、永禄十二年（一五六九）で榊原家が館林に入る以前で、最新は、慶応三年（一八六七）の記録になる。総家数は九〇五家、断絶年月、断絶の事由が随所に書き込まれており、藩政期の様相が窺える。断絶事由は、退身・幼少・無嗣などが大半を占め、断罪・改易・お暇・追放等の処分例は少ない。その他、他藩への移籍者、出家者も見られる。

本題の尾崎常右衛門の場合、「弐拾五石五人扶持、国姫様御掛ニテ南部様へ参ル」と他藩に移籍したと見える。

ところで国姫は、「御代々御法号」（筆者蔵）に、「政邦女名国南部修理太夫信親室本性院殿明宗大姉行歳三十五歳寛保三癸亥年六月十三日墓在武州芝金地院」と見え、榊原家六代政邦の娘で南部藩主の後添いとして嫁ぎ、三〇半ばで世を去り、江戸芝の金地院に墓があることが知られる。国姫は、江戸の南部藩屋敷に住み、そこで亡くなった。

最期の様子については、「内史略」（『岩手叢書』第二巻）によると、尾崎は、国姫の病が重いと高田藩屋敷の政邦に知らせた。取り急ぎ、政邦が屋敷を出ようとした時、南部家の役司から死去の知らせが入った。榊原家は面目を失ったと激怒し、尾崎は付き人として怠慢であったと、責任を問い打ち首にすることとした。このことを察知した南部藩主利視は、高田藩に出向いて、尾崎は片時も離れず看病し、国姫は尾崎でなければ食事もとれなかった様子を報告すると共に、「尾崎は南部藩への仕官を申し出た」と、尾崎の献身的な奉仕を伝え危機を救ったばかりか、南部藩士として召し抱えたと見える。

その後の尾崎家の動静については、『参考諸家系図・第五巻』等によれば、南部藩百五十石の家臣として江戸に留まり、利視の三女愛姫の附役を務め、寛延二年（一七四九）死去した。初代常右衛門の跡は、嗣子の常右衛門恭里が相続、御城使に任ぜられ勤功によって百石加増される。宝暦七年（一七五七）、主家の家格落ちに関わる幕府取扱方について阻止した行動が「営中勤方神妙」と、百石加増、三百五十石となり、用人となり世子である利謹の守役を兼帯した。寛政七年（一七九五）没した。墓は東京下谷高岩寺にある。

南部家家紋

③ 医業・医事諸事情

藩政時代、藩医家伝来の秘薬、在家の家伝薬などの多彩な薬が伝わり保健生活を支えてきた。藩政時代に培われた医業の伝統は、地域医療はじめ近代医学にも貢献している。高田藩の医事事情は藩医であった合田家が北里東洋医学総合研究所に納めた医書で窺える。

藩政期の医師

藩政時代の医者には藩医（典医）と町医があり、許可がなければ医者になれなかった。藩医は、士分として処遇され、扶持が給され世襲された。扶持高について弘化期（一八四四～四八）の場合、百石以上一〇家、十人扶持・七人扶持両者合わせて八家と見え、扶持高で見ると、二層化していたことが知られる。なお、最高禄高は二百五十石であった。

家に男子がない場合あるいは職務を遂行する力を備えている継嗣がない場合には、養子を迎えて維持するよう努めてきた。

幕末期を迎えると医業部門の分化が進み、伝統の漢方の本道のほか、蘭方にも目が向けられてきた。次は、『高田市史第一巻』による医業分野と医師数の概要である。

弘化期の藩医

〔高田詰め医師〕—本道（漢方の内科）（八）・外科（三）・眼科（一）・小児科（一）・鍼医（五）計一八人。

〔江戸詰め医師〕本道（六）・外科（一）・眼科（一）・鍼兼外科（三）計一一人。

〔釜子詰め〕（二）

享和元年（一八〇一）の町医師

本道（一二）・外科（三）・小児科（一）・眼科（四）・鍼医（二〇）計四〇人

そのうち、明治の世を迎えて近代医業の研究に努め、医学水準を高めたり、医療施設の充実に努め地域医療の向上を図った医師が少なくない。

高田城下の家伝の薬

榊原家の秘薬で「虎肉丸」というのがあり、藩医の杉本文伯の家が代々製薬に従事した。これは藩士が臨終の時に下賜されるもので売買されていなかった。藩士の後裔で当地で歯科医を開業した江川家に、「幕末期において先祖が殿様より『虎肉丸』を有り難く拝領した」という話が伝えられている。だが杉本家では、「麝香丸」と称する同質のものを製造し販売していたという。このほか、藩医合田家の製造した「黄蘇薬」、黒沢家の「虫下し」、倉地家の家薬が知られる。

商家、森繁右衛門家は、元禄年間に京都典薬頭林家の「大五香湯」の製造を許され家伝薬として販売した。この薬は皮膚病その他諸病及び牛馬の病気にも効くとのことで、「越後土産」の番付表（第三章第三節参照）の前頭に登場している。このほか、倉石家の「目薬」、片桐家の「通風散」、寺院の西山光国寺の「乳の薬」、真宗寺の「中風益効散」などが知られる。

在方の家伝薬

安塚区の「百草圓」は、安政年間（一八五四～六〇）、須川村の甚右衛門が製造し販売したことに始まり、平成八年（一九九七）まで製造された伝統ある薬であった。この薬は、キハダの樹皮を主原料として作られたもので、健胃整腸剤として飲用するが傷や腫れ物に塗布しても効用があった。薬味の苦さ、色、形、薬効などが、「熊の胆」に似ているので「須川のにせ熊」とも言われた重宝な家庭薬であった。国川村（牧区）には、「黄胖散」と言われる十二指腸潰瘍（俗に「あをの病」という）をはじめとして胃病全般に著効があると言われた薬があった。寛政六年（一七九四）三月、国川村の近藤長治郎（のちに定右衛門と改名）が、高田藩医の松本洋伯の門に入り医術の修行に励み、修行がなった時、師の洋伯から医号「松村」と共に相伝の秘法薬「黄胖」が伝授されたものである。免許皆伝を得る

森家の薬調合用具（上越市総合博物館蔵）

須川の「百草圓」（似せ熊の愛称で知られる）

と、村に戻り施療に努めると共に黄胖薬の製造に当たった。

明治に入ると、当時の戸主の近藤定八郎は、二十二年（一八八九）十二月、内務省の免許を得て、続いて二十八年七月には新潟県の許可を取得し「黄胖散」の名で製造を続けてきた。同薬は、創始の古さと胃病に効験★の著しいことから、須川の「百草円」と共に東頸城の二大売薬として親しまれてきたが、昭和前期に製造が中止された。なお、牧区に滲出する草生水は、薬用とし珍重された（第三章第4節参照）。

平沢（柿崎区）の宗性寺の薬院では、漢方の生薬として知られる桂皮末、丁子末、木香末、甘草末など草根木皮等を調合して「麻積円」、「肺疳散」、「腎疳散」、「九龍散」、「加減麻積円」、「加味五香湯」及び「清眼散」の七種もの家伝薬を製していた。中でも、「麻積円」は、「小児の病氣に對しては奇跡的の効驗著はるゝより小児を背負ひて遠近より來詣者頗多く常に其足を斷たず★」と、人気が高かったようである。

児童文学者小川未明は幼少の頃、米山山麓の寺で作っている「癇」の薬を受け取りに使いにやらされたという話が伝えられるが、宗性寺の「麻積円」であったと思われる。

このほか、寺院の家伝薬として、下野田の本覚坊には「ちち（乳）のくすり」と刻した版木が伝わり、井ノ口（三和区）の蓮浄寺においては、「黄肝丸」、大

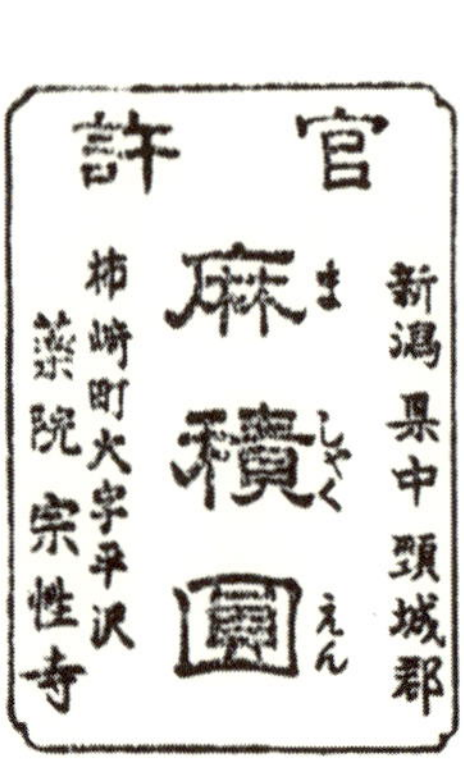

「麻積円」薬袋

▼「麻積円」の効能
「夜良くねむれない、キーキー泣く、手足の動きがにぶい、ドモリ、てんかん、ユダレを多く出す、ね汗、頭の毛がうすい、腹が大きい、塩からい物を好む、やせて大きくならない等によくききます」

▼小林牧堂著『柿崎地方誌』大正四年（一九一五）刊

(三和区)の長楽寺では、「皇盤丸」を調製していた資料が残されている。皇盤丸は、動悸・目眩・耳鳴り等に効ありと言われた。野(三和区)の善巧寺では、皮膚病薬の「白龍膏」、眼病薬の「晴龍膏」の製造を進めており、また、稲増(板倉区)の浄光寺において「寒昌散」、「即功散」(外傷薬)を製造し江戸の浅草と本材木町に取次店をもち「本家調合所、越後高田在稲増邑泉谷山浄光寺製」として売られた。しかも、小売店や取次店への礼状の版木まで残されており、かなり手広く行われていた様子が知られる。★

藩医の伝統を今に伝える合田家の人々

合田家の本国は、伊予国合田(愛媛県八幡浜市)といわれ、榊原家が姫路にあった時、合田平蔵は侍講として仕え、榊原家の転封に伴って高田に入った。二代合田忠蔵は、幕府医官半井典楽に従事し高田藩医となった。三代合田昌順については、天保十五年(一八四四)一月調べの「榊原様越後頸城郡高田御家中高分限帳」において「外科医太田六郎左衛門弟、合田昌順、七人扶持半」と見える。★四代合田洋庵は、名は義以、通称は洋庵(洋菴)と称した。積極的に蘭方系の医学を学ぶと共に儒学にも目を向けていた教養人であったことが彼の蔵書から知られる。明治五年(一八七二)、種痘の免許を得た。

浄光寺「即効散」・「寒昌散」の広告

▼『地域開発史V高田・直江津』・新潟県社会科教育研究会・平成元年(一九八九)十二月刊(「医事」杉田幸治報告)。

▼『上越市史叢書5・高田の家臣団』・上越市・平成十二年(二〇〇〇)三月刊。

五代合田義宣は藩医杉本文伯に学び、維新後、尾張町で医業を開いた。長男平は、高田中学校を経て東京帝国大学医科大学を卒業。陸軍に入り、軍医の道を歩み、父義宣逝去の時は奉天病院長の職にあった。陸軍軍医監、陸軍軍医学校長、陸軍省医務局長を歴任し、森鷗外日記に散見する。二男弘は、内田氏の養子になり日露戦争において旅順港閉塞作戦において戦死。三男進は、千葉医専に入学、香川県下の病院を経て高田に帰郷し開業した。義宣の四男亨の長男朗は、慶応義塾大学医学部を卒業、北里研究所に入所、北里大学創設に尽力した。このような縁によって合田家に伝えられてきた高田藩政期の古書類（全一三八点、四五〇冊、非医書類を含む）は、北里東洋医学総合研究所に収められている。これら蔵書からして往時の高田藩における医学の水準が窺える。

知命堂病院を創設し、育英事業に意を注いだ瀬尾玄弘

瀬尾玄弘は、天保九年（一八三八）、高田藩士江川半兵衛の四男として生まれた。医学を志し藩医藤林梅仙について外科を学び、杉本文伯について内科を修め、この間、倉石侗窩より儒学を学んできた。安政三年（一八五六）、藩医瀬尾丹瑞の養子（七代目）となった。

戊辰の役においては、高田藩から新政府軍の雇医ウイリアム・ウイルス★の助手

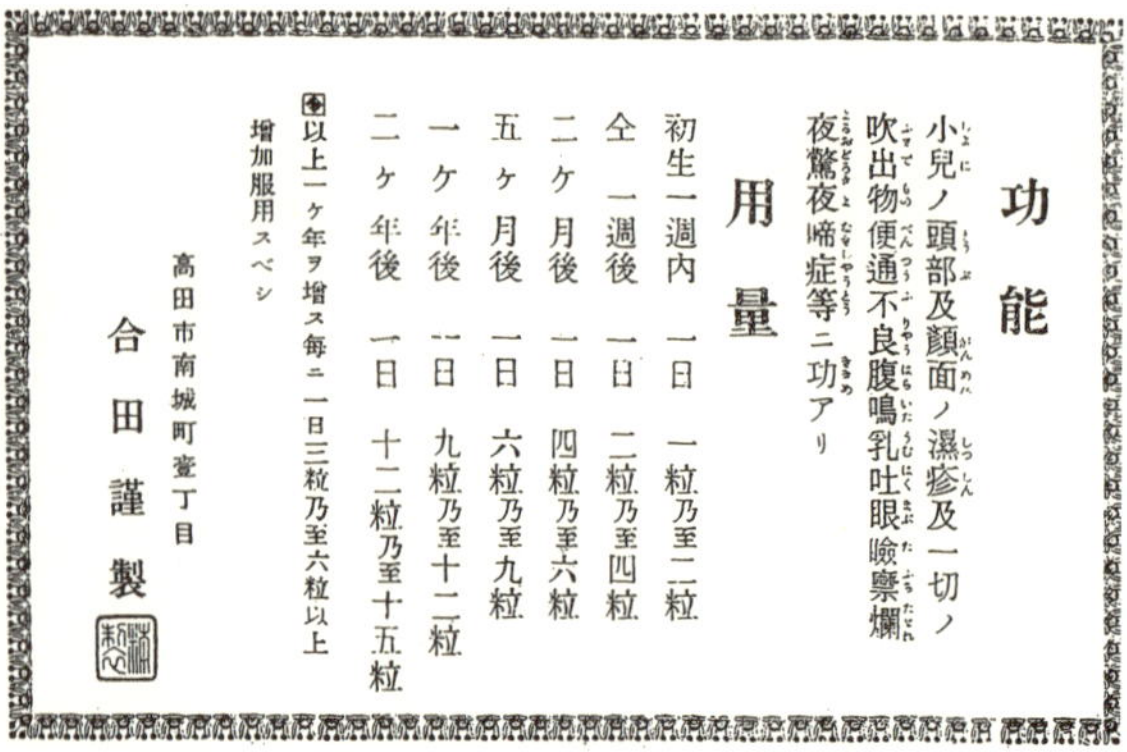
功能

小兒《しよに》ノ頭部《とうぶ》及顔面《がんめん》ノ濕疹《しつしん》及一切ノ吹出物《ふきでもの》便通《べんつう》不良《ふりやう》腹鳴《はらいた》乳吐眼瞼《まぶた》麋爛《ふちただれ》夜驚夜啼症等《よなきしやうとう》ニ功《きゝめ》アリ

用量

初生一週内	一日	一粒乃至二粒
仝一週後	一日	二粒乃至四粒
二ヶ月後	一日	四粒乃至六粒
五ヶ月後	一日	六粒乃至九粒
一ヶ年後	一日	九粒乃至十二粒
二ヶ年後	一日	十二粒乃至十五粒

◆以上一ヶ年ヲ増ス毎ニ一日三粒乃至六粒以上増加服用スベシ

高田市南城町壹丁目
合田謹製

合田医院の小児薬の効能及び服用上の注意書

を命ぜられ、寺町の寺院に設けられた三藩病院★で治療に従事し、さらに軍に従い、新潟病院において取締心得に任ぜられた。

明治三年(一八七〇)、高田藩主の出府の供を命ぜられて上京、藩主の許可を得て既にウイルスが校長兼院長になっていた東京医学校★兼大病院の傍観生★となり、西洋医学を研修した。のち、洋式医療を生かすためウイルスに依頼して英国製の手術器械セットを購入している。

同四年、廃藩置県となり、藩庁医員を務めていた瀬尾玄弘は、本職を辞して独立自活の道を求めて高城村四ノ辻(西城町三)の自宅に医院を開業し「知命堂」と命名したのが「知命堂病院」の始まりである。知命堂という名称の由来は詳らかではないが、『論語』の「五十にして天命を知る」という語句からとったものと推察される。

同十年頃より、玄弘は医療と衛生思想の遅れている高田に近代的な各科を擁する総合病院の設置と医学専門学校の創立を志すようになり、その実現に向けて転出した旧藩士の屋敷を取得し、学資金を貸与して学業を援助して人材の養成に努め、「漸栄講」と称する頼母子講を運営して資金の調達等を進めてきた。

同二十四年(一八九一)十一月、内科・外科・産婦人科・眼科の四科を備えた私立知命堂病院を開院した。初代院長に瀬尾原始を据え、玄弘は院主となり、西頸城郡梶屋敷村(糸魚川市)に分院を開設し医療に従事するかたわら漸栄講の講務

▼ウイリアム・ウイルス
文久三年(一八六三)、薩摩藩の大名行列の前を横切った英国商人の無礼打ちとなった「生麦事件」に救護医として手当に当たった。戊辰の役において、明治政府に招聘され従軍医となる。高田入した時の一行は二五人の筑前藩士の護衛、会計係、医師、通訳と料理番・従僕三〇人という構成であった。戊辰の役では、彼我一六〇〇人の治療をしたと英国公使に報告している。

▼三藩病院
高田藩・薩摩藩・長州藩の兵を収容した兵站病院。

▼東京医学校
現東京大学医学部の前身。

▼傍観生
聴講生。

を主管した。

同三十四年に刊行された『高田栞』★に、「……氏ノ数十年苦慮シ漸ク素志ヲ貫徹セラレ愉快ナルヘシ此ノ大業ヲ起サレシハ一家親戚ノ子弟ニ学費ヲ助ケ上京セシメ大学ニ入レ或ハ其人々ノ生質ニ因リ夫々修行セシメ業成リ其事務ニ当リ宜敷ヲ得テ斯ク遠大ノ謀リヲ為シ名誉ヲ挙ケラレシハ氏ノ一家ニ対シテハ大孝ト謂ツヘシ又藩士ニシテ芳名ヲ広メラレシハ一藩ノ名誉而巳ナラス君家ノ美挙ナラスヤ旧藩主榊原公ヨリ器械数十品ヲ譜予セラレシト云」と見え、玄弘の配慮、栄誉の一端が偲ばれる。

玄弘は、育英事業に熱心であり、荒井賢太郎（農商務大臣）、長野宇平治（日本銀行など建設、工学博士）、瀬尾巧（八幡製鉄工場長）等の学費援助を行ってきた。のちにこれらの人々も発起人となって、大正九年（一九二〇）、玄弘をたたえる寿蔵碑★を建てた。

荒井賢太郎は、玄弘の支援によって東京帝国大学法科大学で学ぶことができた。荒井の同期生に若槻礼次郎（のちの総理大臣、旧姓奥村）、安達峯一郎（のちの常設国際仲裁裁判所裁判長）がおり、「荒井の人物、若槻の頭脳、安達の学力」と評判が高かったという。

若槻が大学に在学中のことであった。彼が北陸から山陰への旅に出た時、旅費がなくなり高田にあった荒井に借金を申し出たが、荒井には持ち合わせがなく、

▼『高田栞』
宮川頼徳著、明治三十四年九月刊。

▼寿蔵碑
生存中に築きおく碑。

玄弘に用立てて貰って若槻に渡し旅を続けさせた。のちに若槻が総理大臣に就任した時、九〇歳余の高齢の瀬尾玄弘を東京に招いて謝恩の席を設け、死去に際しては丁重な弔辞を贈り、若き日の恩に報いたと伝えられている。

眼科医を務め、盲学校を開いた大森隆碩

大森隆碩《ゆうせき》は、弘化三年(一八四六)五月、高城村北五ノ辻(西城町四)において藩医の大森隆庵の長男として生まれた。五歳の時、倉石侗窩の文武済美堂に入門し漢学を学び、文久二年(一八六二)江戸に出て蘭方医土生玄杏から眼科を学んだ。

元治元年(一八六四)二月、父の死去により帰郷し北五ノ辻で眼科医を開業した。同年十二月、高田藩医員に任ぜられ、戊辰の役において北陸道大病院医員に任ぜられ、ウイリアム・ウイリスのもとで戦傷病者の治療に従事し戦後、会津降伏人病院医員となった。戊辰の役後、医学研究には英語の習得が必要であると感じ、明治三年(一八七〇)、再度上京して大学南校★に入学した。在学中、横浜で施療院を開設した米人医師ヘボン★に師事して眼科を学び、翌四年にはヘボンに従って上海へ行き、五年九月に帰国した。帰国後も東京において米人医師シモンズ★について学んだ。

同十年、高田に戻って金谷村大貫相生町(仲町二)において眼科医院を開設し

▼大学南校
現東京大学の前身。

▼ヘボン
慶応三年(一八六七)、日本初の和英辞書『和英語林集成』を出版。第三版からローマ字表記法を採用し、以後ヘボン式表記と呼ばれた。

▼シモンズ
開港直後、医療宣教師として来日、明治三年、大学東校(後の東京大学医学部)御雇教師となる。腸チフスに罹った福沢諭吉を治療したことで知られる。

た。

同十九年、大森は重症の眼疾に罹患し、失明寸前の危機を体験した。これを機に盲人教育の必要性を痛感し、医師杉本直形・小池玄育ら同志に呼びかけ、同年十一月に「訓矇談話会」を組織し幹事長となった。これが高田盲学校を生む母体となった。二十年十一月三十日、訓矇談話会を改組充実させて、「盲人矯風研技会」と改称して盲児を募集して鍼・按摩・琴などの指導を光樹寺（寺町二）において開始した。後年、この日を盲学校創立の日と制定している。

大森は盲人矯風研技会をさらに発展維持するためには学校形式をとらねばならぬとして、学校設立の請願書を県に提出した。だが組織不全ということで却下された。その後、組織を改めて二度の申請をしたが却下された。

同二十四年(一八九一)七月、四度目の申請で宿願の学校設立の許可が得られ「私立訓矇学校★」と定め、新須賀町（仲町二）に民家を借りて開校した。同校は京都・東京に次ぐ本邦三番目の盲学校であった。教育内容は、一般学科を履修する普通科、鍼・按摩などの技術習得を目指した技芸科の二科が設けられた。修学期間は共に四年間であった。

同二十六年、大森は校長に就任し、三十年、篤志家の寄付金をもとに、相生町に二階建の民家を購入して仮校舎とした。その後、各寺院の寄付や米人宣教師ダンロップの定期的な寄付もあったが経営は容易ではなく私財を投じて維持してき

▼「私立訓矇学校」
名称は、明治三十三年四月「私立高田訓矇学校」、四十年四月「高田訓矇学校」と改称される。

た。同三十三年、健康の都合で校長を辞任した。後任には杉本直形が就任した。同三十六年五月逝去、享年五七歳。

郷村の医業に従事し、現代の地域医療を支える川室家

川室道一は、天保十三年(一八四二)三月、中頸城郡諏訪村大字北新保に生まれる。はじめ高田藩医の鈴木道順に師事し、明治二年(一八六九)三月、北新保において漢方医を開業したが、洋方医を学ぶため、同六年、横浜に出て米人医師ヘボン(眼科医)、長瀬時衡について西洋医学を学び、同九年、東京において佐藤尚中(順天堂病院創始者)、井上達也(東京大学眼科助教授)について眼科を修行し、十年、北新保の自宅において眼科医を開業した。

川室は眼科のみならず内科医・外科医として地域医療の普及に尽くすと共にさまざまな建言を県知事や郡長に行った。十三年には天然痘撲滅を目指し、担当する旧第十大区第九小区(ほぼ諏訪村・有田村)の内外を問わず同十七年までの五カ年間、子どもたちの種痘について、自らの負担で実施することを郡長に願い出ている。

同十九年、コレラが流行した際、川室は発病要因を飲料水、食物の不良及び衣服の汚染などにあると判断し、このため、戸主を集めて注意するばかりではなく、

発病要因の物品を直接扱う婦女子に直接注意を説いてきた。

　同四十一年、東京帝国大学で学び、県外各地の病院長を務めたきた嫡子貫治の帰郷を待って、施設を近代的に改めて眼科と内科を備えた「私立川室病院」を設立した。だが、院主道一が高齢のため、同四十三年には「川室内科医院」となった。道一は、大正元年(一九一二)十二月、七〇歳をもって生涯を閉じた。

　現在同院は「川室記念病院」として引き継がれ、地域医療に多大な役割を果たしている。

これも高田

藩医藤林玄仙ら有識者によって開かれた「中頸城郡病院」

維新の大業から間もない明治七年（一八七四）五月、旧高田藩医藤林玄仙・金子良意等は、病院の設立を企図して、新潟県知事に設立を願い出る一方、八年一月、川原町の藤林邸に「回春病院」と名づけて仮設開業した。やがて倉石侗窩・室孝次郎・大井茂作らもこの事業に賛同して支援した。

この動きと並行して、頸城郡の五大区（第七、八、九、十、十一大区）及びその下にある五二小区が協力し、一小区ごとに年額五〇円合計二六〇〇円を拠出し、七カ年分累計一万八二〇〇円を継続寄付することを決議、本院を高田に置き、分院として糸魚川・柿崎・大島の三カ所に設けたい旨を県に稟請した。さらに、病院の経営組織を《会社的病院》から《半官半民の病院》に変更を届け出た。県においても医療の充実を図るため公立病院を設けるべきであるという動きもあり、開院を認可した。かくして企図から一年後の明治八年五月には「高田病院」の名の門牌を掲げ郡内一円の施療に応ずる病院が設けられることとなった。副医長として新潟病院から岩永養斎が着任した。副当直医に藤林玄仙・金子良意・野本直好・取締役に室孝次郎が就任した。

七月、創立当初の計画に基づき、柿崎村に付属病院を開設した。初代医長に新潟病院副当直医高尾宗澤が赴任し、長井準平が取締役についた。当初から柿崎に分院が置かれたのは、地元の医師藤井容斉、塚原省山及び長井準平ら識者の発意によって「柿崎医療会所」を設けて金子良意を招聘し診療にあたってきたこと、また、分院設置の方針が固まると、病院経営の改善を図るため、地元有志らが協力して資金を募り備えるなど医療整備に努力してきたことによるものと思われる。

明治十二年、郡区改正により旧五大区は、東頸城、西頸城及び中頸城の三郡となった。十五年八月、県会の議決によって「一郡一病院制」となり、高田の本院は、「中頸城郡病院」と改称され設置者は、郡長となる。病院経費については、経費の一定額は、郡費で充当されるが、運営については請負的経営とされ、同十八年、同院は稲田鍛治町（東本町五）から岡島町（大手町）に新築移転し、創設期の時代は終わる。

（『高田市制廿五周年記念帖』昭和11年刊より）

4

武士の情けと意地

高田藩は耐えることによって藩の気風が醸成されてきた。武士の情けは相見互い、安政の大獄、会津降人の預かりにて示した。高野長英の逃亡援助は今町町人。藩士たちは、危機に望んで意地が発揮された。とりわけ、若者の生きざまはあまりにも純粋だった。

安政の大獄

十三代将軍家定の後継を巡って、一橋慶喜《ひとつばしよしのぶ》を擁立する尊皇攘夷派と徳川慶福《よしとみ》(のちの家茂《いえもち》)を立てる開国佐幕派が対立してきた。安政五年(一八五八)、井伊直弼が大老につくと十四代将軍に慶福を据え懸案の日米通商条約を締結した。これに反対する動きが高まり、井伊はこの年九月から翌年にかけて尊皇攘夷派の志士・大名・公家及び幕府役人等の処断の挙にでた。

同年十二月、幕府は高田藩に対して、三国大学、小林良典、兼田伊織、鵜飼幸吉ら四名の江戸屋敷預かりを命じた。これら預かり人は、大老に代わって京都に入った老中間部詮勝《まなべあきかつ》の襲撃に関わったというかどで捕縛された人々であり、略歴は次のようである。

- 三国大学　文化七年(一八一〇)～明治二十九年(一八九六)

越前国坂井郡三国港の出身の儒学者。若くして彦根藩の儒者中川漁村に学んだ。この時、同門に井伊直弼もあった。次いで京都に出て鷹司家の儒官となり、尊皇攘夷論者として奔走した。安政の大獄に連座して捕らわれたが、翌年、追放に処せられ近江国石山に蟄居、文久二年(一八六二)に許され、再び京都に入り鷹司家に仕えた。明治六年、教部省権大講義になった。同二十九年、八七歳で没した。

•小林良典〔文化五年(一八〇八)〜安政六年(一八五九)〕

小林家は、代々鷹司家の諸大夫を務める家柄であり、良典は民部権大輔の任にあった。才略は公家家司中の最有力者と目されていた。橋本左内等志士と交流を深め、攘夷支持に傾いていった。大獄での処分は遠島となり、配所に移送中、五二歳で病没(毒殺とも)した。

•兼田伊織(義和)

鷹司家の侍。安政の大獄で連座したが、安政六年十月、無構となる。

•鵜飼幸吉(知明)文政十一年(一八二八)〜安政六年

水戸藩士で砲術家。父、知信と共に京都に上り、徳川斉昭の意を受け宮家、公家の間で尊皇攘夷運動家として活躍した。安政六年八月、死罪獄門の刑に処せられる。享年、三二歳。

江戸藩邸での幽閉生活

京都から檻送《かんそう》★された四名は、安政五年（一八五八）十二月十九日、江戸町奉行石谷因幡守の役邸で高田藩に引き渡された。預かり人は、下谷池之端の下屋敷に設けられた「揚り屋★」に入れられた。高田藩において四名の処遇については、未決の預かり人という立場からか、丁重に扱ってきた。その様子について、三国大学の回顧録の「笑草」で見る。

「（略）衣服は秩父縞、下着胴着共絹、襦袢は胴木綿袖絹、帯は黒五絽、夫々新調にて着物を着替へさせられる。夜着布団とも絹なり。評定所へ出づる時には此の方定紋附き麻黄絹、襦袢も袖衿浅黄絹なり。其の後縞の袷単物、晒の帷子、時々の衣類を給せらる。帯は同じ黒五絽なれども、日数をあたらしきしな歴たれば折り目すれたりとて新敷品と取替へらる。又此の袷帷子等も、評定所へ出づる時は紋附なるべけれども、予と義和とは其の時節に評定所へ出たる事なければ知らず（略）。飲食の膳椀は宗和黒塗足附之膳なり。箸は定法通り尋常の箸を中断せる短き箸なり。茶は禁制なれども湯と名つけて内実、茶を給す。尤陶器は禁制故椀を用ふ。平日は一汁二菜、朝暮の漬物は二品三品、或は金山寺等にて五種に至る事もあれども、一品の事なし。朔望★二十八日との三日は、焼物に刺身附、朝よ

▼檻送
罪人を檻に入れて送ること。

▼揚り屋
未決の囚人を収容する座敷牢。高田藩江戸屋敷に置かれた揚り屋は、四畳半の畳敷きの部屋で壁の二面は板張り、二面は格子で一カ所は、飲食を供する入口付きの格子となる。揚り屋の配置は二人ずつ向かい合わせで面談もできた。

▼朔望
一日と十五日。

▼一閑張
漆器で木型に紙を貼り重ね、型を抜き表面に漆を塗ったもの。

り一汁附。予朝丈粥を乞ひしにしろ粥にては如何敷とて、鶏卵を入れて給ふ。酒は元より禁制なれども、後には薬汁と名つけて之を給せられる。徳利は陶器故、紙を張り澁を引き一閑張《いっかんばり》★の如き形色をなす。其の紙に亀の人立人座して或は扇を持ちて舞ひ酒宴をなす戯画を写せり。予之を見て戯れに、〔賜をちろりと見れば薬にて徳利と見れば瓶の酒盛〕、予は下戸なりし故、味淋酒を請ひ少宛日々に飲み楽む。(略)粟飴は高田の名産なり、時々一同に給ふ。予は別して好物の義申ししに、春山氏の好意にて特別に絶えず給ふ。故に毎日楽み味ふ。菓子は蒸菓子、干菓子数日間毎に隔番に給ふ。又折には鰻・八目鰻・雁鍋・泥鰌《どじょう》鍋・蕎麦等、本人の望に従ひて給せらる。是は預人より注意して本人に望まするなり。獄中火を禁ずる故、温石を給して寒気を防がしむ。榊原家領内に温石の名産ありと云ふ。面を洗ひ手水を使ふには、必ず湯桶を以て湯を注ぎ手盥の上にて手を洗ふ。但し火なき故、烟草を喫するを得ず。予は之を嗜まざる故差支なし。兼田甚好物故、大に困り居る由、本人云ひ居たり。結髪入湯も時々許さる。もっとも髭月代《さかやき》は鋏刀を以て挟み去るのみ、剃刀を用ふることを得ず。手足の爪は格子より手足を出し、中間格子の外にて、挟刀を以て之を取る」など細部にわたって記し、言外に謝意を表している。

三国は、和歌の道によって無聊《ぶりょう》★を慰めてきた。安政六年八月二十七日、

▼無聊　退屈。

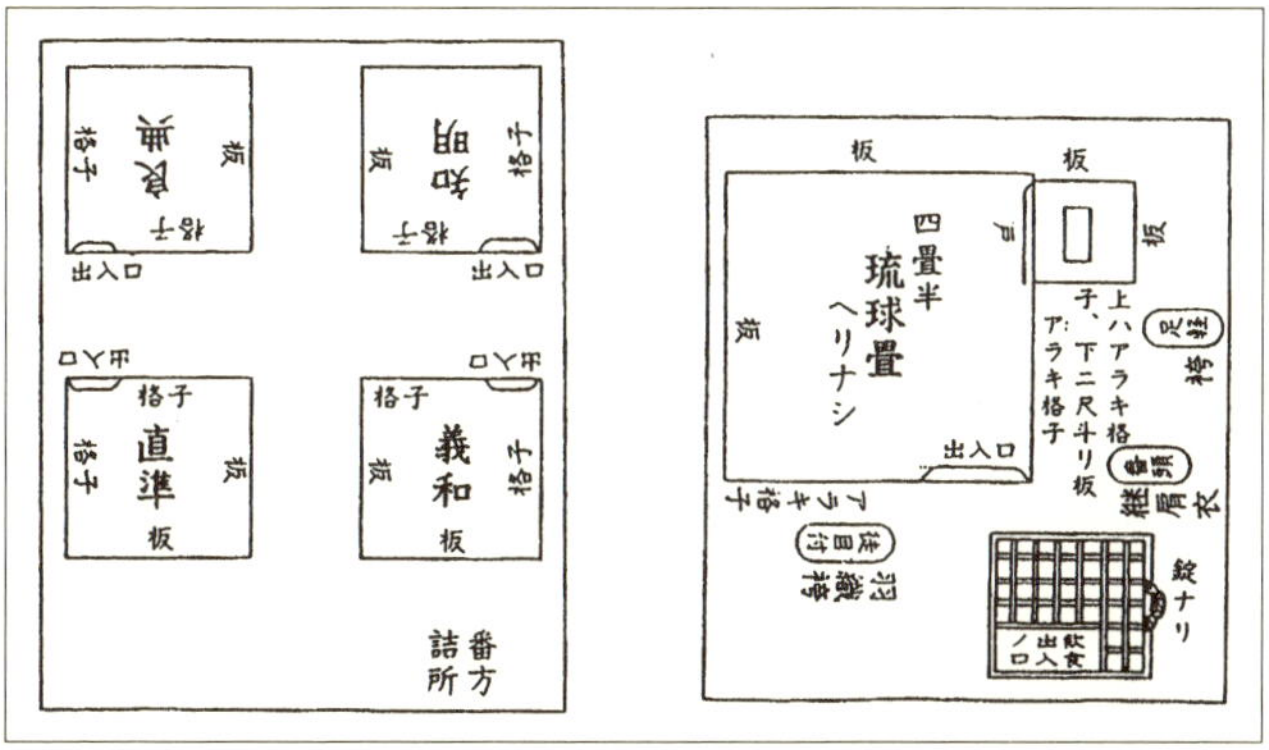

高田藩下屋敷の揚り屋の図

江戸藩邸（上野・池の端）における「揚り屋」
預かり人の配置の様子、（　）は処分の内容
小林良典（遠島《えんとう》）鵜飼幸吉（死罪）三国幽眠（蟄居《ちっきょ》）兼田義和（無精《かまいなし》）

小林良典と鵜飼幸吉は評定所に呼び出されたが、両人は再び、揚り屋に戻る事はなかった。帰らぬ二人を偲び三国は次の句を残している。

鐘の音も殊に寂しく聞えけり
逢事かたき別せし日は

このように、高田藩の扱いは、武士の情けを偲ばせるものがあったが、榊原家第十二代政養《まさきよ》の内室は井伊直弼の姉であり、井伊家とは密接な関係にあったから、他藩の指標となるよう心して処遇したものであろうか。

国元への御用状が遅れ信州古間で自死した「森岡勝治郎」

高田藩の江戸屋敷には、知行取以下五三〇名の藩士が詰めていた。国元と江戸との連絡は飛脚が果たしてきた。普通飛脚は五泊五日、早飛脚は三日、御用飛脚は二日半、急使は二日二刻を要した。

安政六年(一八五九)十月のことである。江戸勤番の森岡勝治郎は、「三日切之御用状」つまり三日以内に書状を国元に届ける任務を与えられた。任についた森岡は、その道中如何なる事情が発生したかは分からないが、期限の三日目は信州の古間にあって国元に着くことはできなかった。森岡は任を果たせなかったことを深く恥じてか、十月二十一日、古間の地において自死（自害）して果てた。享年

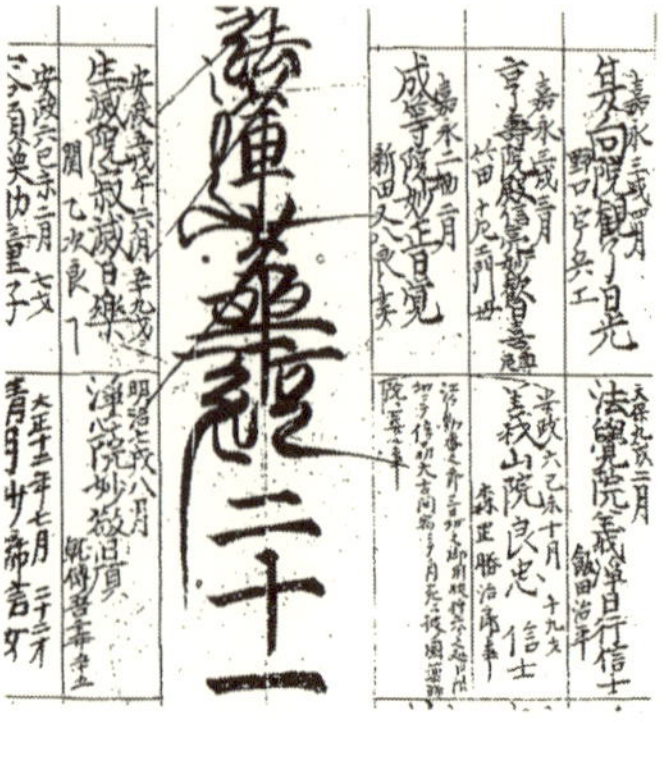

法顕寺過去帳
（右手には、森岡勝治郎の戒名と「自死」の事由が記され、中央には題目の「南無妙法蓮華経」と命日「二十一日」が見える）

一九歳であった。遺体は彼の地の薬師院に葬られているという。「御用状」の内容は不明である。推測の域に過ぎないが、「十月十七日の江戸城本丸焼失」と思われる。幕府にとって大事件である。仮にそうだとしても、一両日の余裕は許されてもよかったのではと思われるが。

長州再征で奮戦、遺品の太刀が届けられた「麦倉助太郎」

慶応元年(一八六五)五月、時の将軍徳川家茂と勅命を奉じて長州を再征することとなった。この戦いにおいて高田藩・彦根藩が先鋒を命ぜられた。当藩に白羽の矢が立ったのは徳川四天王の家系として軍団の先陣を務めてきた恒例にならったものであった。麦倉助太郎は、一七歳の若さで父の造酒之助《みきのすけ》と共に軍役に加わった。この年、高田藩兵は芸州(広島県)海田市に止まって年を越した。

戦いは翌二年六月、幕府と高田・彦根両藩の重役を交えて軍議の結果、高田藩は小瀬川方面の長州勢を破り、岩国城攻略の手掛かりを得るという筋立てであった。十四日、小瀬川にて戦端が開かれたが、幕府軍の支援もなく、彦根藩との足並みも乱れ総崩れという結果に至った。再度、合同の軍議を開いたところ、宮内村方面に移動し捲土重来を期することとなった。七月末から風雨が強くなり戦いは困難を極めたが、高田藩兵は小瀬川の戦いの雪辱を果たすという意気込みに満

麦倉助太郎の逸話は、昭和十二年(一九三七)、高田市初等教育研究会が編纂した『高田読本』(四年生用)に見えている。挿絵は同誌による。

ち長州勢の陣地を占領することができた。

だが、八月七日早朝、濃霧と豪雨の中で長州勢の襲撃に遭った。藩の鉄砲隊もこれに応戦したが、地の利に詳しい長州勢に翻弄された。麦倉助太郎は、腰の一刀「天正助定」を振りかざして敵陣に切り込んで行った。戦いに利なく「全員退け」の命が下り陣を引いた。勢揃いにあたって、麦倉助太郎の姿は見えなかった。

時は流れ、明治十年（一八七七）九月十一日、明治天皇北陸巡幸が高田に至った。この時、随行者の元長州藩士の宍戸隼人が助太郎の父、造酒之助に面会を求め、助太郎の壮烈な最期のさまについて、「あの戦いの日、戦場に若武者一人、長州兵に囲まれ取り残されました。若い命を散らすには惜しいので刀を引くよう勧めましたが、これを断り華々しく立ち合って倒れ、この太刀を是非とも国元にと言い残して、切腹して果てられました」と語り、「これが助太郎殿の形見の品です。改められてお納め下さい」と申し入れた。造酒之助は驚きで言葉もなかった。★

戊辰の役に転戦した浮世絵師楊洲周延こと「橋本直義」

橋本直義は、江戸詰めの藩士の家に生まれた。新陰流の剣法を修める一方、絵を歌川派の師について学び、周延《ちかのぶ》と号した。戊辰戦争において、高田藩は徳川譜代の立場もあり苦境に立たされた。激論の末、恭順の意を示し征東軍（新政府軍）につくことになった。だが、江戸詰めの藩士たちは、藩是に抗して佐幕の立場をとり、榊原の「榊」の一字を分けて命名したという「神木隊」を結成し彰義隊に合流して上野の山に立て籠もった。直義もこれに加わった。

神木隊は穴稲荷から三枚橋と激戦を展開したが、圧倒的な火力を有する征東軍は優位に立った。敗戦と知るや直義は薩摩藩の桐野利秋《きりのとしあき》の本陣をめがけて突進したが、脚に銃弾を受けて倒れた。直義は名のある武士に見えたので桐野の前に突き出された。尋問を受けた直義は桐野に、「大政を奉還した徳川に対し兵を解かないのは、錦旗の蔭に隠れた天下の逆賊ぞ、俺は絵かきの周延だ、斬るなら斬れ」と声を大にして毒づいた。

桐野は使いを黒門町の絵草紙屋に飛ばして調べさせると、浮世絵界で名を売り出している楊洲周延こと高田藩士橋本直義《はしもとなおよし》であることが知れた。桐野は殺すに忍びず護衛の兵をつけ上野の外に送り出した。

直義は最後まで征東軍と戦う決意をもって神木隊の残兵と共に榎本武揚の軍に加わり北海道まで転戦し、宮古湾では政府海軍の艦船拿捕の作戦に参加した。作戦は米国旗を掲げて政府艦船に近づき、接近すると日章旗を掲げ乗り込もうというものであったが、事は筋書きのように運ばず箱館に戻った。

明治の世に入ってからは、錦絵版画家として生涯を過ごした。現存する周延の錦絵は千種にも及び明治の記録として貴重な資料にもなっている。この間、周延

宮古湾海戦図
（今まさに、アメリカ国旗が降ろされ、日の旗が掲げられようとしている）

は高田榊原家の藩祖榊原康政を祭神とする榊神社（大手町）に「小牧・長久手檄文執筆之図」（市文化財指定）を奉納。明治十年（一八七七）には「西南戦争之図」など西南戦争を題材にした多数の作品を遺しているが、高田藩士としての深い思い入れの表れと思われる。

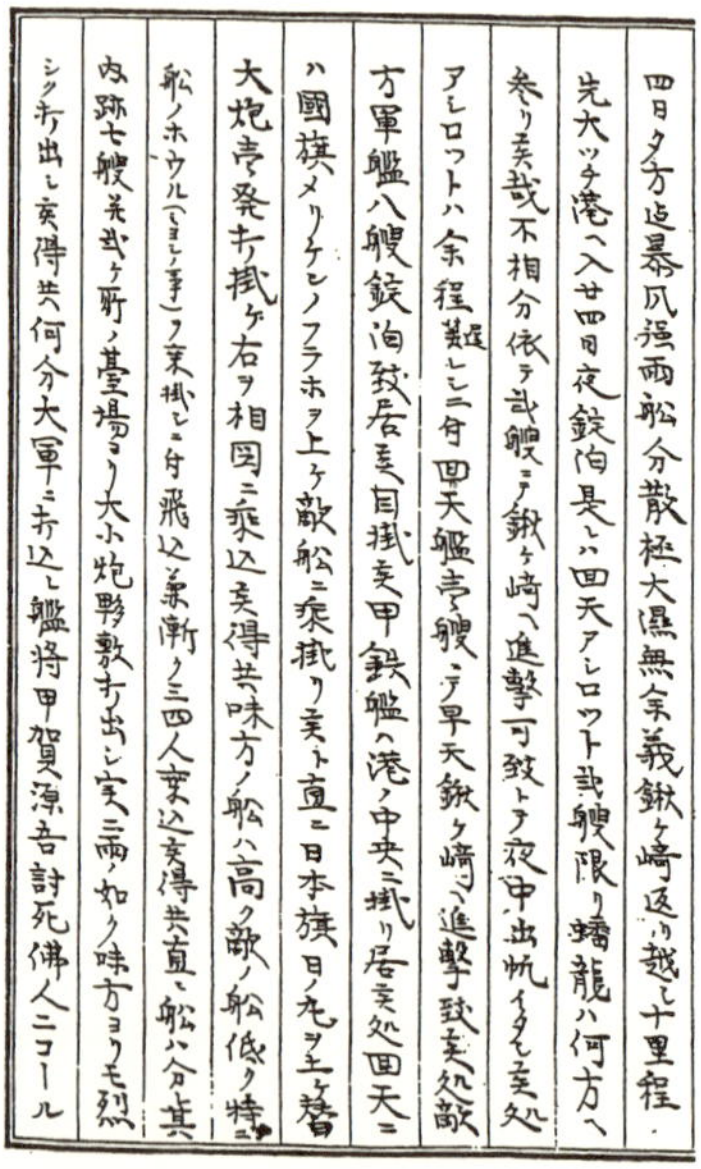
四日夕方迄暴風強雨船分散極大混無余義鍬ヶ崎迄乗越シ十里程
先大ツチ港ヘ入廿四日夜碇泊是レハ回天アシロット弐艘限リ蟠龍ハ何方ヘ
参リ候哉不相分依テ弐艘ニテ鍬ヶ崎ヘ進撃可致トテ夜中出帆イタシ候処
アシロットハ余程難逞シ二付回天艦壱艘ニテ早天鍬ヶ崎ヘ進撃致候処敵
方軍艦八艘碇泊致居候ヘ目掛候甲鉄艦ハ港ノ中央ニ掛リ居候処回天ニ
ハ國旗メリケンノフラホヲ上ケ敵船ニ乗掛リ候ト直ニ日本旗日ノ丸ヲ上ケ替
大炮壱発打掛ケ右ヲ相図ニ乗込候得共味方ノ船ハ高ク敵ノ船低ク特ニ
船ノホウル（ヨミノ事）ヲ乗掛シ二付飛込兼漸ク三四人乗込候得共直ニ船ハ分ケ其
内跡七艘并弐ヶ所ノ台場ヨリ大小炮夥敷打出シ候ニ雨ノ如ク味方ヨリモ烈
シク打出シ候得共何分大軍ニ打込レ艦将甲賀源吾討死佛人ニコール

橋本直義記「夢もの語」
（函館市立図書館蔵）

これも高田

黒船四隻浦賀に来航、その時、高田藩では

前島密、ペリーの上陸を見届ける

嘉永六年（一八五三）六月、重装備の蒸気軍艦と大型帆船を組み合わせた四隻の黒船が浦賀の沖に現れた。黒船来航は、幕府にとって驚天動地の大事件であった。この艦隊が江戸のすぐ間近まで侵入しようと試みた場合、これを阻止する力がないことは、誰の目にも明らかであったからである。

江戸において洋学を学び西洋事情に詳しくなってきた前島密は、この機に米国艦の装備、操兵などを自身の眼で確かめたいと思い立った。幸い、接見役として浦賀に赴く井戸石見守が給仕役に使う若年の奴僕を雇い入れることを耳にし、関係する口入れ業者に強く頼み込み、その一員となり、久里浜に行くことはできた。残念ながら軍艦の内部を見ることは石見守でさえ叶わない状況下にあった。

だが、諸侯の兵八千人、諸藩の船二百隻で警備の中、先発の三百人の武装陸戦隊が上陸して整列し、旗艦から発する一二発の礼砲に送られてペリーが日本の地に降り、幕僚と共に応接所に向かう世紀の大風景を目の当たりにすることができ、彼にとって生涯の糧となった。一八歳の時のことであった。

異国船防備のため、草生水のお試しを

嘉永六年十一月、幕府領の預役所は管内の村々に向けて「異国船対策に草生水が調達されるやもしれない、他国へも他郡へも暫く停止せよ」との示達を発した。この動きを受けて千原村（上越市）庄屋栄蔵は、「草生水は火を付け候へば海中にても火勢強く広がり、水の動揺仕り候方へ附き寄り候に付、船の際へ寄り纏ひ申すべく、土上にても、燃立ち候へば筵、菰等打懸け候ても、中々以て消し留めかね候程のものに候、榴弾に草生水を相用ひ候はば眩暉仕るべき由に候、異国船御焼打被仰付候節は、草生水油御用ひ遊ばされ候て然るべきや」と、草生水を用いた戦略を縷々記した上申書に草生水数樽を添えて預役所を通して幕府の海防御用掛奉行に献納し、草生水産出地としての意気を示した。

アメリカ蒸気船之図（柏崎市、黒船館蔵）

⑤ 松尾芭蕉・十返舎一九の来越

芭蕉は、高田に来遊し歌仙を巻き多くの句を残す。芭蕉を偲ぶ人々は句碑を建て謡本『金谷詣』を編み遺徳を偲ぶ。一九は三度も高田を訪れ各地の賑わいを写した。届物の重箱の牡丹餅を食べて馬糞を代わり入れた小僧の話も登場。頸城の地には、神楽・獅子舞・棒使い、土地柄が滲んだ民謡が伝わり、文化を大切にする土地柄が偲ばれる。

今町・高田での発句

松尾芭蕉は、元禄二年(一六八九)旧暦三月二十七日(以下、旧暦)、門人の曾良を伴い、江戸を発ち「奥の細道」の旅に出た。日光・奥州街道を北に進み平泉で折れて、六月末に越後に入った。

七月六日夕刻、芭蕉らは今町に着いた。はじめ酒田の弥三の紹介状をもって聴信寺(中央三)を訪ねたが同寺は忌中であったため遠慮して古川市左衛門方で草鞋を脱いだ。この夜、今町の俳人は古川宅に集い句会を開いて宗匠を歓待した。当時、今町の俳壇が盛んな時代で、俳書『藁人形』を上梓した陸夜をはじめ聴信寺の眠鷗・石塚善右衛門左栗・石塚善四郎此竹・石塚源助布嚢・佐藤右雪・竹風など多彩な俳人を抱えていた。

芭蕉はこの席で、「文月や六日も常の夜には似ず」を詠んだ。この句は、『お

芭蕉の句碑
「文月や六日も常の夜には似ず」
(上越市中央三)

くのほそ道』に収められている名句である。同句は、七月六日宵、七夕祭りの前夜、集まった俳人に対する挨拶とも言うべき「発句」であった。七月六日と言えば新暦の八月二十日にあたり、初秋が感ぜられる頃であった。七日も今町に滞在し、佐藤元仙の俳席に招かれ、そこに泊まることになった。

関川河口の琴平神社境内の「文月や」の句碑は、寛政年間、福永里方によって建てられた。たびたびの火災で焼け崩れ、幕末期、福永弥兵衛らが再建したが、これも明治の大火に見舞われてしまった。昭和五十九年(一九八四)、関川の河口拡幅工事に伴って神社と共に現在地(中央三)に移動された。

同月八日、高田の細川昌庵から迎えられ、高田に入った。高田ではまず池田六左衛門宅を訪ねたが来客中であり、遠慮して寺で休憩していると、昌庵から迎えが来たので昌庵宅に入った。昌庵は、寄大工町(仲町四)の町医者で、藩の御用医師を務めていた。俳号を棟雪といい、高田俳壇の大御所であった。その晩、昌庵宅で句会が催された。芭蕉は「薬欄にいづれの花を草枕」と詠み、昌庵は「荻のすだれあけかける月」とつけた。

九日も昌庵宅で句会を開いた。十日は、中桐甚四郎(更也)に招かれ、夜に入り昌庵宅へ戻った。天気も晴れて、一行は十一日、高田を発って五智街道を通り越後国分寺、越後一ノ宮居多神社に参詣し糸魚川に向かった。

芭蕉の句碑
「薬欄にいづれの花を草枕」
(上越市大貫)

市内に見られる芭蕉の句碑

先の芭蕉の「薬欄に」は、高田の俳人連が、五智国分寺境内と金谷山に句碑を建てた。国分寺の句碑は、明和七年（一七七〇）五月、倉石畝波ら一六人が建て、金谷山のそれは文化十三年（一八一六）十月、大貫村の大肝煎矢沢三郎右衛門らによって建てられた。

黒井の本敬寺境内には、「さびしさや花のあたりのあすならう」の句碑がある。寛政（一七八九〜一八〇二）の頃、黒井の句会浜千鳥が建てたものと言われるが、芭蕉が今町を目前に、黒井宿で一息入れたことに因んでのものであろうか。正輪寺（南本町三）の「景清も花見の座には七兵衛はせを」の句碑は、芭蕉の没後七十年を経た宝暦十三年（一七六三）十二月建碑とあり市内では最も古い。

このほか、「子に飽くと申す人には花もなし」（頸城区・上増田）、「雲おりおり人を休む月見哉」（三和区・島倉、月見塚）、「道端の木槿《むくげ》は馬に喰れけ里」（板倉区・高野）などが知られ、芭蕉を敬愛する人々が如何に多かったかが偲ばれる。

芭蕉の頸城行脚を主題にした謡本『金谷諳』

▼曾良の『随行日記』によれば、越後路に入って今町・高田に至る行程は、おおよそ次のようになる。
六月二十七日、温海（出羽国）〜中村泊
　二十八日中村〜村上泊
　二十九日村上逗留
七月一日村上〜築地泊
　二日築地〜新潟泊
　三日新潟〜弥彦泊
　四日弥彦〜出雲崎泊
　五日出雲崎〜鉢崎泊
　六日鉢崎〜今町泊
　七日今町逗留
　八日今町〜高田泊
　九日高田逗留
　十日高田逗留
　十一日高田〜能生泊

『北越雪譜』（鈴木牧之著）による「芭蕉翁訪凍雪図」。「細川棟雪」は「細井凍雪」と記されている。

高田には、芭蕉の頸城行脚を主題にして『金谷詣』★と題する謡本（復曲本）が伝わる。この謡曲は長らく人々から忘れられていたが、昭和六十一年（一九八六）六月、渡辺六郎（元新潟大学高田分校教授）、小林義男（「金谷詣」を聴く会代表）らが、永島忠侈（上越市出身観世喜之門下の観世流の玄人）の力を得て復曲する運びとなった。

『金谷詣』の構成は、芭蕉と棟雪の出会いに始まり、金谷薬師に参詣し次いで各地の名所旧跡を訪ねるという趣向になっている。謡われている名所旧跡は、「一　金谷の明神（金谷山医王寺）、二　妙高山、三　高田の城、四　塩荷谷の虚空蔵、五　毘沙門天の滝寺、六　長坂寺の朝日の観音（滝寺の北西）、七　蜂ケ峰（春日山）、八　愛宕権現、九　国分寺、十　居田の社（居多神社）、十一　親鸞配所の跡、十二　菅原天満神（清里区菅原神社）、十三　荒川（関川）、十四　佐渡ケ嶋、十五　直江の津（直江津）、十六　瀬場の渡し（北国街道の瀬渡橋）、十七　猿供養寺（板倉区猿供養寺）、十八　南蠻山（南葉山）」の一八カ所となる。

ここでは、「金谷の明神」とある医王寺について触れてみる。医王寺（真言宗豊山派）は、金谷山の登り口右手の寺で「金谷薬師」を本尊として古来から崇敬を集めてきた。金谷山は、薬師山と称され、麓に京田（経田）などの集落があることからして信仰の深さが窺われる。本像を厚く信仰していた高田城主松平光長の母勝子が、薬師堂を建立したと伝えられている。本尊の「金谷薬師」は、薬師

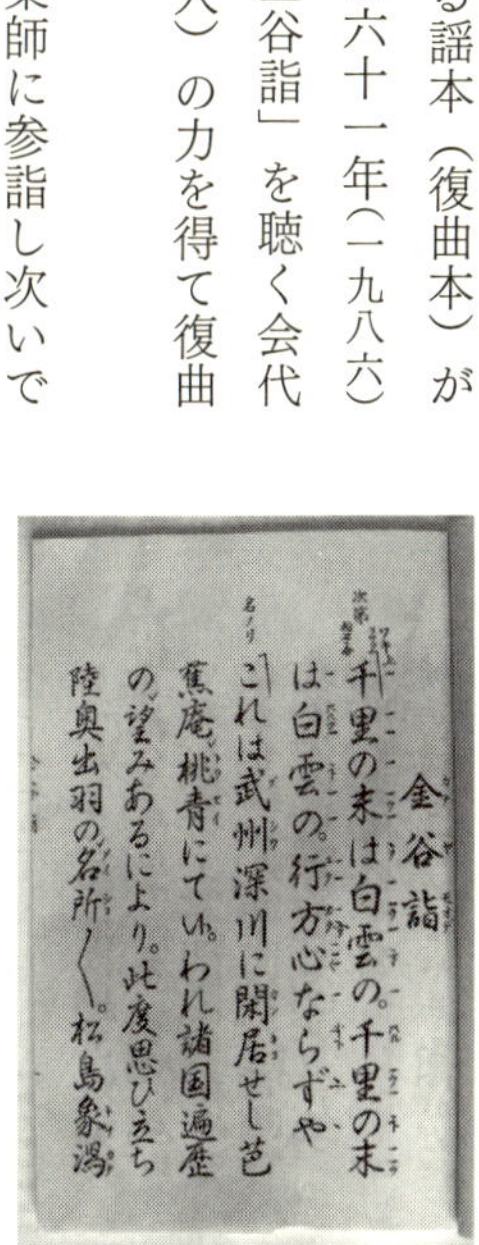
金谷詣
次第　千里の末は白雲の。千里の末は白雲の行方心ならずや
名ノリ　これは武州深川に閑居せし芭蕉庵桃青にてわれ諸国遍歴の望みあるにより此度思ひ立ち陸奥出羽の名所〳〵。松島象潟

『金谷詣』

▼『金谷詣』（金谷詣刊行会刊）冒頭の部分
千里の末は白雲の千里の末は白雲の行方心ならずやこれは武州深川に閑居せし芭蕉庵桃青にて候われ諸国遍歴の望みあるによりこの度思ひ立ち陸奥出羽の名所名所松島象潟を一見し又三越路に赴き候月花を尋ねて廻る旅衣尋ねて廻る旅衣きつつ馴れにし春秋の移るも知らぬ道すがら古池や蛙飛び込む水の音と口ずさみつつ正風の姿情の道を弘めばや姿情の道を弘めばや急がぬ旅にて候へどもこれははや越後の国高田に着きて候此所にて風雅の聞こえある棟雪の許を尋ねばやと思ひ候（以下、略）

如来と思われるが、本来左の掌にあるべき薬壺が見られないことから文化財の立場では、「銅造如来坐像」と称される。作製年代は、白鳳期（七世紀後半）と推定されている。昭和四十一年三月、県指定文化財、平成三年（一九九一）六月、国の重要文化財に指定される。

十返舎一九、取材旅行で三度、上越の地を訪れる

十返舎一九は明和三年（一七六六）、駿河国（静岡県）府中の生まれで、滑稽本・人情本・往来物と多くの分野で活躍した。特に滑稽本『東海道中膝栗毛』が好評であった。十返舎一九は、三度上越の地を訪れ取材している。第一回は、文化十一年（一八一四）秋頃で信濃国善光寺から高田に出て新潟を経て会津に抜けた。一九は、この旅をもとにして翌年、『金草鞋《きんのわらじ》』第八編「越後路之記」を出版した。第二回は、文政元年（一八一八）で、前回とは逆に、高崎から長岡、柏崎を経て高田に入り善光寺に抜けた。この旅において得たものは、『滑稽旅烏』の名で刊行された。第三回は、文政九年と推測される。そして翌々年出版の『金草鞋』第十八編「越中立山参詣紀行」がその成果と見られる。

ところで当地に縁の深い『金草鞋』の初編は、文化十年の刊行であるが、十二年には第八編が刊行され、評判の良さが窺える。なお、最終の刊行は、天保五年（一八三四）

十辺舎一九墓所（東京都中央区勝どき）

第二十六編であったが一九は、『金草鞋』の全編の刊行を知らずに、同二年に没した。

『金草鞋』『滑稽旅烏』に見る当地の賑わい、暮らしぶり

『金草鞋《かねのわらじ》』第八編「越後路之記」において二人の狂士（千久良坊と下手の横好き）がたどる道筋は会津若松→新発田→新潟→柏崎→高田となる。柏崎宿から高田宿の道中について辿ってみる。

「竹ケ鼻より一里半ほど砂道をたどりて柿崎の宿に着き、椿屋といふに泊まる。昔この所の扇屋某といふ者の妻、親鸞上人より川越名号といふを授かる。〈狂歌〉渋皮のむけし女の見ゆるとて柿崎に宿とるもおかしき《千久良》今日は大きに草臥れた。此の宿に女按摩があらば呼んで下さい。効かずと良いから。《良好》旅籠は幾らでも出すから、思い入れ馳走をしなさい。そうすると、いつまでも逗留して、何なら、一生ここの厄介者になってやろうか。《女給仕》お茶上りませ、私の飲みさしでござります」、「柿崎より二里行きて潟町といふ宿に着く。この辺り皆、浜辺の砂道なり。それゆえ、この辺の人、歯のなき下駄を履きて歩く。潟町よりまた二里ばかり行きて、黒井の宿なり。〈狂歌〉白雪の越路も旅は日に焼けて顔も黒井の駅に着きたり」、「黒井の宿を打ち過ぎて一里ほど行けば春日新田、それよりまた一里、渡しを越ゆれば、今町と言う賑わしき町に至る。こ

『金草鞋』（第八編）における高橋飴屋の繁盛
（上越市、高橋孫左衛門家蔵）

の所、船付にて遊女あり。至って繁盛の所なり。〈狂歌〉沖なかに瓜の舟かと遠目から見る奈良漬の春日新田」、「今町を打ち過ぎて、右の方に春日山とて謙信の城址あり。高田の町少し手前にて、宮野門左衛門という茶屋に入りて、酒くみ交わし、主人の金毘羅信仰なるよしを聞いて〈狂歌〉商の利生ぞあらん日にまして溜り金山彦の神より」、「そこよりここを立ちて、高田の御城下に至る。当国一の御城下にて繁盛の所なり、石灰屋という宿に泊まる。横春日町というに、粟にて製したる水飴、至って上品にて風味よく、この所の名物なり。〈狂歌〉評判は高田の町に年を経て豊かに澄（住）める水飴の見世」、「《千久良》ここの粟飴を食うと、それ、手に粟飴をつかむように、うまい事ばかりあって身代が飴のようにだんだん伸びるということだから精出してあがりなされ。いや、これは冗談だけれど、ここの飴は第一粟というが珍しとて、上品で風味が良いという評判でござります。なんと買ってみようではねえか」と、土地柄、里程などを案内、千久良坊と下手の横好きがやり取りしながら事を運び、狂歌を挟んで印象付けている。

　高田の飴屋高橋家は、一九が取材旅行に訪れた際、厚遇したものと思われ、同家には一九の戯画讃が伝わる。高橋家は、越前松平忠直に仕える武士であったが松平光長の高田入封に従って、町人となり三代孫左衛門の時に粟飴の製造に成功した。その後も改良を加え、寛政二年（一七九〇）に糯米《もちごめ》で透明な飴を製造する方途を発見し、藩主に献上して「翁飴」の名を得た。明治十年（一八七七）に開催さ

『金草鞋』（第十八編）における名立の宿逗留

れた内国勧業博覧会に出品し入賞を果たした。この時の主管者は大久保利通であり、審査委員長は前島密であった。同三十七年のセントルイス（米国）万国大博覧会で名誉金牌を受賞するなど内外各種博覧会で受賞を果たした。

『金草鞋』第十八編は、高田から始まり立山を参詣して金沢に至るものである。名立の宿は、「此せつ、此の辺りにては、花見鯛とて鯛の魚は沢山なり、名立の宿、岡崎新右衛門という宿に泊まりたるに、よき宿にて膳いずるとき、平★に蛸の桜煮をつけてだしければ、〈狂歌〉花見鯛とれる頃とて旅籠屋の平にも見ゆる蛸の桜煮」と、海の幸が膳に上り評判が良かった。

『滑稽旅烏』（「越後紀行」）では、三和区神田の富永家を訪れ、目医者の評判の高い富永仙八を紹介し、仙八が使いに出して失敗した小僧と仙八とのやり取りを載せている。失敗談の要旨は、「仏の命日に当たって、仙八は牡丹餅を入れた重箱を小僧に持たせて親類まで使いに出した。途中、村相撲が開かれ小僧は足を止め見物し、牡丹餅を食べてしまった。小僧は重箱に馬糞を入れ、狐に化かされた振りをした。小僧の姿を見つけた者が連れ帰ったが、訳を聞くと何を聞いても物にとり憑かれた振りをする小僧を見て、仙八は足に灸をすえ、狐を追い出せと言った。これは大変と小僧は事の次第を白状した。仙八は大笑しながら重箱を開け、狂言の策が出過ぎだと再び大笑した。一九は、どこでもいたずら盛りの子供の知恵は変わらないが、何とも仙八の気性が面白いと言った」という事であった。

▼平
平椀（浅くて平たい椀）。

『滑稽旅烏』（「越後紀行」）における富永仙八家訪問

これも高田

岡倉天心、妙高の自然を愛で、山荘を建て暮らす

　明治美術界の先覚者岡倉天心が、初めて家族同伴で赤倉温泉を訪れたのは、明治三十九年(一九〇六)だった。天心は、赤倉の美しい自然に魅せられここに別荘を建てることを決意し、翌年高田の料亭「富貴楼」を買い取って赤倉に移築した。この別荘建設を勧めたのは三館一郎次であった。三館は上職人町(大町三)の旅館「三友館」と赤倉の香嶽楼を経営するかたわら高田貯蓄銀行の頭取を務めるなど実業家であった。当時、一郎次の父は、東京上野において料亭「常盤華壇」を経営していたが、隣接して日本美術協会があり、岡倉もそこを訪れる機会があり、赤倉の地について話に上ったものであろうか。

　建物が完成したのは、四十年八月だった。山荘へ避暑に来た天心は、娘のこまちに「……家の背には妙高山、神名山、黒姫山、伊須那山の高岳翠屛に廻し、左は遠く佐渡の島を見渡し、前には米山等の連山に臨み候、家には玉の如き温泉、瀑布の如く流れ出し、庭の前には山川流れ居り、天下の絶勝に候。其内一覧可被致候」と知らせている。なお、自慢の温泉の大湯船は、高田城の城門の扉で造られたものであった。山荘が完成すると家族と避暑に訪れた。山荘の生活において、牛六頭、犬数匹、鶏一〇羽を飼っていたという。

　大正二年(一九一三)、病気療養のために滞在していたが、この地が終焉の地となった。天心が山荘で死去してから一年後の大正三年八月、天心の門弟横山大観、下村観山、木村武山、寺内銀三郎が山荘裏の小高いところに「天心岡倉先生終焉之地」の石碑を建立した。その後自然石に「亜細亜は一ツナリ」と刻んだ細川護立筆の詩碑も建てられた。

　昭和十四年(一九三九)、岡倉天心遺跡保存会が組織され、古くなった山荘の改築が行われ、同時に六角の天心堂が建設された。堂の中には、平櫛田中作の天心の胸像が安置されている。

　旧高田藩士の出自の小林古径は、天心の薫陶を受けた一人である。古径は、安田靫彦《ゆきひこ》、前田青邨らと共に岡倉天心が創設した日本美術院を継承し日本画の伝統を守り新しい生命を吹き込んできた。

　なお、天心の子に一雄があったが、若い頃、高田の新聞の記者として勤め当地で妻を迎えた。子どもの名に、越国・妙高に因んで「古志郎」、「妙」(女子)と付けるなど彼もまたこの地を心から愛してきた。

岡倉天心堂(妙高市赤倉)

第五章 高田城下の構造と生活風土

雪国の城下町高田、港町直江津の面影を色濃く残し郷愁を誘う。

① 城下町としての高田

城下は家中・町人町・寺町からなり、商家、職人、寺院は春日山城下・福島城下から移ってきた。

城下の道路の構成や寺院の配置は、城の防衛に配慮したもので他地の城下町と共通する。

町人町には日常生活につながる用・排水路が設けられており、往時の配慮ぶりが偲ばれる。

城下町の骨格

高田の城下町は城をコの字形に取り囲んで形造られている。城下町を概観すれば、城の周りには重臣の屋敷が置かれ、それに接して侍屋敷が配されている。これら侍の屋敷地は「家中」と呼ばれる。侍屋敷を取り巻く西・南・北の三面が町人が住む「町人町」となる。町人町の西縁には寺院が置かれ「寺町」となり、寺町は、表寺町、裏寺町の二筋になる。市内を流れる青田川・儀明川は、築城に際して南北に直流するよう切り替えや掘削工事がなされ、青田川は、家中と町人町を区切り城郭の防備を担ってきた。

守りを配慮した道路

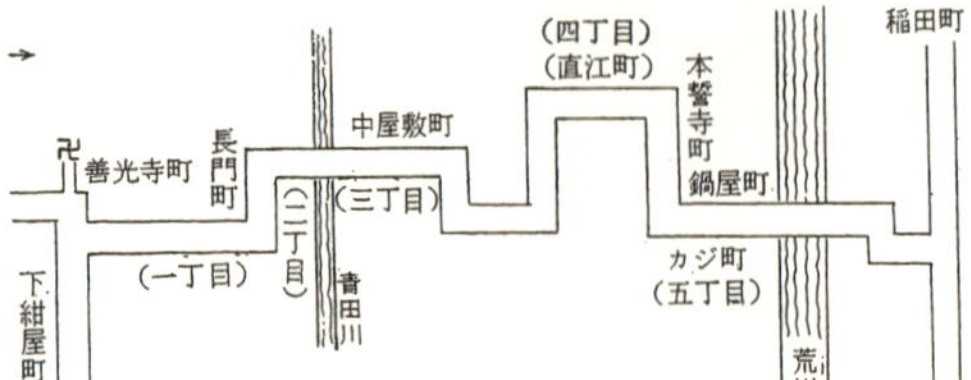

東本町方面の道の屈曲

城下町の形成に当たって、碁盤の目に道路を設けて商工業者を集住させたり、主要道に寺社を配置したりして人の往来、人寄せの便宜を図った反面、通りの交差する辻では十字路とせずに食い違わせたり、T字形にしたりして見通しを利かなくしている。屈曲した道筋として、下紺屋町（現本町七）の食い違い十字路から東の鍋屋町（現東本町五）に抜ける奥州街道筋において八カ所もの屈曲を見ることができる。もっとも、現東本町筋の屈曲は関川の自然堤防を利用して道路が取り付けられたという側面もあり、自然条件を巧みに利用した設計でもある。

内郭と外郭との境に流れる青田川には、架橋を極度に制限した。家中内の道路幅は狭められ、T字形や鉤形やL字形に屈曲させている。家中から町に出る口には枡形★が設けられ、「枡形町」（南城町一）の名が残っている。

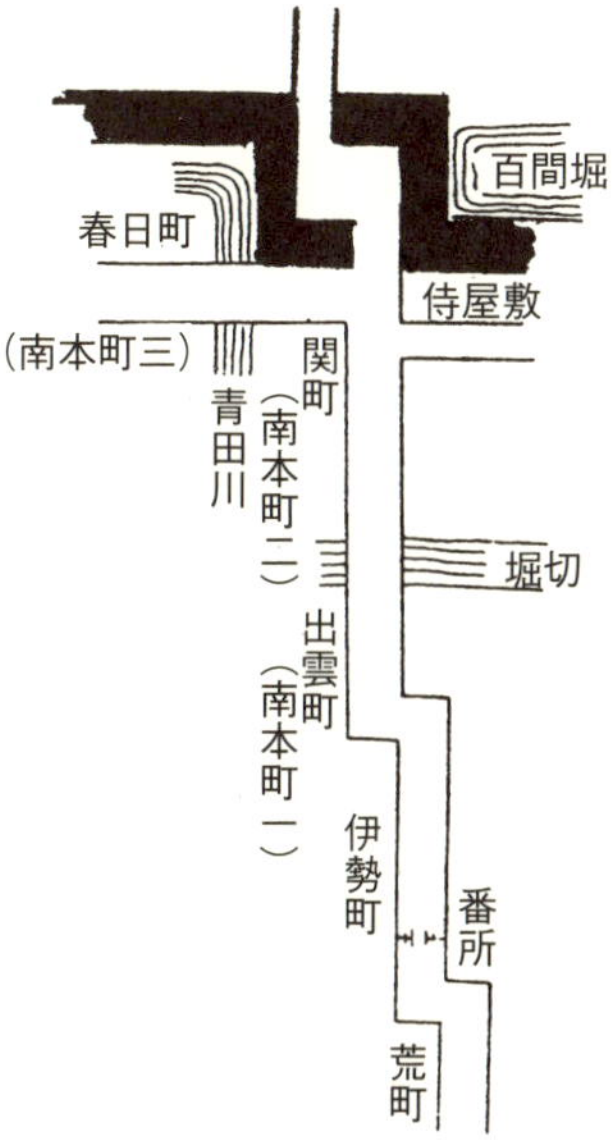

▼枡形
枡の形のように四角く土手を築いたもので、戦時における兵の集合地、防戦の場を想定して設けられた。

道路と水路

居住性についての配慮として、安政四年（一八五七）の中小町（本町五）の絵図に、「全長二町一七間三寸三分、道路幅四間、奥行、西側は儀明川まで三六間二尺一寸五分、東側は水路まで三一間三尺二寸」とあり、現本町通りに並ぶ町家はそれぞれ三十数間で川または水路によって区切りがつけられている。このように町の裏側に川または水路が設けられているのは、本町のみならず大町・仲町も同様であり、生活排水の処理に留意し土地に刻み込んだ都市計画の一端が窺える。

現在、これらの水路は車の往来に対応するため、コンクリートで固められてしまい、往時の面影は失われている。

なお、町家が短冊のように割りつけられ、間口によって「町役」が課せられた。

同業者が集住した町人町

高田城下町は、築城にあたって、福島城下や春日山城下から商人達を営業独占などの特権を与えて半ば強制的に移住させ町造りを進めてきたと言われている。城に近い東の通りは、武具や什器を作る職人町であり、下職人町と言われた現在の大町五、六丁目には、仏壇屋、紋屋、染み抜き屋、簞笥屋、新しいところでは、洋服の仕立て直し屋なども軒を並べ職人町としての往時の面影を色濃く残している。

中央の北国街道が抜ける本町通りは、宿屋、伝馬宿など宿場としての働きと呉服・小間物及び問屋など商業に関する働きを持つ町であった。とりわけ大手通り

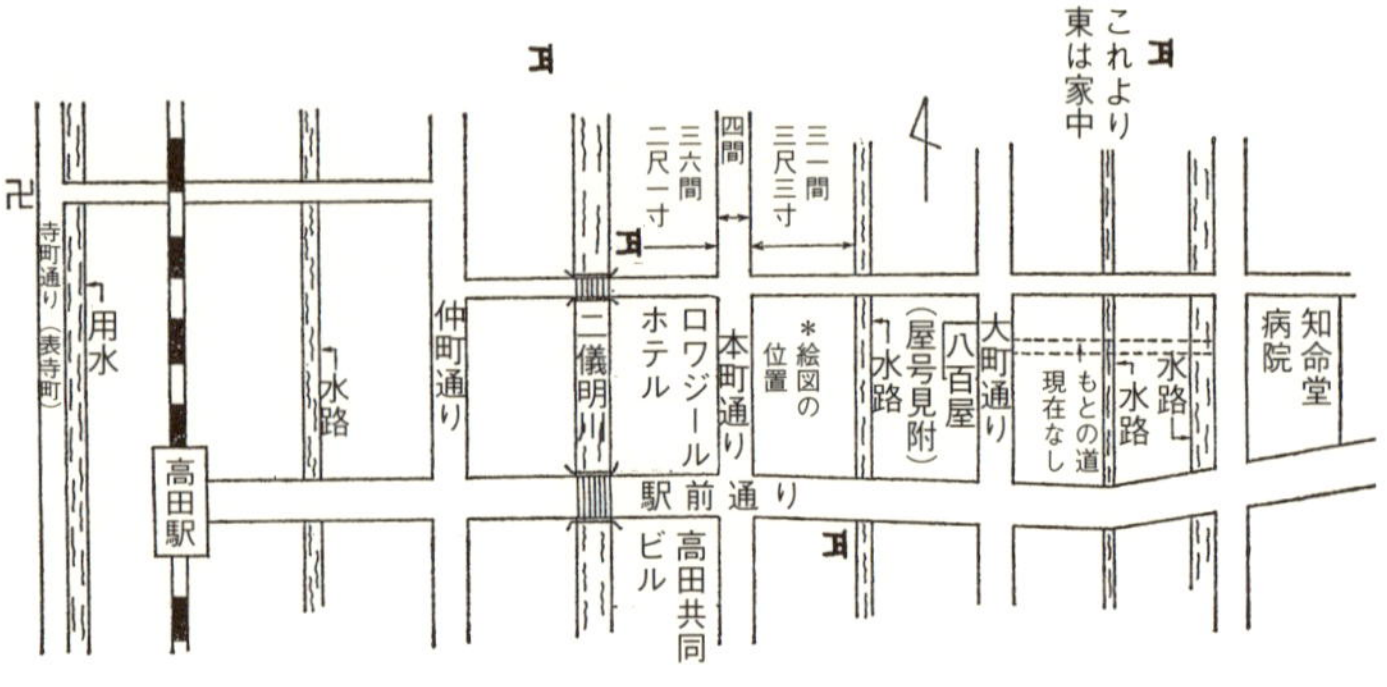

用排水路を配慮した都市計画（村山和夫作成）

に近い所には、呉服、お茶を扱う店など見た目にも奇麗な店が置かれた。

西の通りである現在の仲町通りは、大工、木挽き、桶屋及び魚屋などが置かれた職人町となり、染め物を業とする上紺屋町（仲町一）、金銭の両替を扱う両替町（仲町二）、檜物細工をする檜物屋町（仲町三）、桶職を生業とする桶屋町（仲町四）、大工職の集まる本大工町（仲町四）や鍛冶屋の本杉鍛冶町（仲町五）、新本杉鍛冶町（仲町五）、そして大鋸町（仲町六）、寄大工町（仲町六）とあるように職業名が町名となり、今でも年配の人々の間において使われる。

このような職業による集住政策は、他の城下町にも通ずることでもあり、営業の利便さや自治統制を配慮して行われたものと言われる。

防衛に配慮された寺院

高田城下町は、城を中心に北・西・南の三面にコの字形に町家街を構成している。北・南・西面の防備に関して、寺社が関わってきた様子が城下図から推察される。

城の北面は、加賀街道（北本町筋）、北国街道（東本町筋）にかけて、白山神社・陀羅尼八幡宮・本覚寺・大仙寺・照行寺・安養寺・善念寺・直江八幡宮・照蓮寺・養福寺などの神社、寺院を町家に配している。

城下の南面は信州街道（南本町筋）に瑞泉寺とその塔頭のほか、最賢寺・善福寺・専念寺・常念寺を配している。これらの寺は非常の際の兵站の役を秘めていたと見られる。

城下の正面（西面）は、南北二キロメートルにわたって、西から順に裏寺町通り・表寺町通りの二筋の寺町通りが配されている。築城当初の寺町地区の寺の配置に関する資料には接していないが、寛文の地震後、城下の整備を進める中、寺院についても整備が行われ、現在のような二筋の寺町ができたものと思われる。往時、この地には一三〇カ寺が並んでいたが、現在はその半数に止まっている。城下の寺院の大半は築城に際して春日山城下や福島城下から集められたものであるが、その後、藩主の入封によって増加した。

藩政期、高田は戦場になることはなかったが、戊辰戦争に際して寺町は新政府軍の兵站基地となり、戊辰戦争が終結すると、寺町の各寺は、会津降人一七〇〇余人の謹慎所に当てられた。明治二年（一八六九）、版籍奉還の時点での高田藩士は一八七九人とあり、降人とほぼ同じ数という厳しい処置であった。

口留番所、一里塚

城下の入口である伊勢町・陀羅尼町・鍋屋町には口留番所が置かれ、警備のほか商品の運上金を取り立て、貨物の通切手を調べて密輸出入を防いだ。番所を通って高田に入る旅人は馬から降りなければならず、くわえ煙草も禁止された。榊原家時代には領内の要所に二三カ所もの口留番所があったという。

高田城下を抜ける北国街道の一里塚は、大豆と五智の間、城下の現北本町三丁目と四丁目の間と現南本町一丁目の三カ所に設けられていた。

城下の二カ所の一里塚には、日蓮宗のお題目、「南無妙法蓮華経」の文字を刻んだ「宝塔」が見られる。

現北本町三、四丁目の間にある宝塔の書は、享和元年(一八〇一)、「大光山法印大僧都日脱」の筆になる。大光山は京都の本圀寺で、日脱はその第三十四世に当たる。この題目塔の設置は、長遠寺(本圀寺末寺)住職日理が、「土橋村地内金右衛門屋敷内を借受け一里塚元辺に題目石碑を建立」したい旨を領奉行に願い出て、認可を受けて設置された。

現南本町一丁目の宝塔の書は、「賜紫身延日仲」とあるところから身延山久遠寺第六十四世日仲の筆になることが知られる。日仲は、弘化二年(一八四五)に久遠寺を継いだが、翌年の暮れに没した。同塔は、法顕寺第二十四世住職の日就が、本山の久遠寺に働きかけて日仲の書を入手し、檀家、信徒に働きかけて建立したものと考えられる。なお、法顕寺は、榊原家の随伴寺で檀家は藩士であった。いずれにせよ、一里塚が置かれた地に題目を刻した宝塔が、幕末期に二基も設けられたのである。

陀羅尼口の一里塚(上越市北本町)
(日蓮宗の題目が刻されている)

② 家中と町人町

大藩瓦解の後、在藩時代の荒廃で城下町の中に田園が開かれ、昭和三十年代まで残る。高田の町屋は日本一の雁木が続く。家中屋敷には暮らしのたつきに植えられた梅の古木が残る。越後高田人の意地と几帳面さを表す「高田枡」は信用を高めた。

城下町の中に田圃が

延宝九年（一六八一）六月、幕府は、「越後騒動」の裁きによって越後中将家（二十六万石）を取り潰し、所領を直轄地として一年交替で二人ずつの大名を高田に在勤させる「在番政治」を行わせた。これにより、藩士は四散し旧藩士の家は荒れ放題の空き家となった。その頃高田に来た加賀の飛脚はそれを狂歌に、「諸国まで高く聞こえし高田さえ今来てみれば低くなりけり」と歌ったという。

貞享二年（一六八五）、小田原城主稲葉正通が高田に転封され在番政治は終わった。大藩瓦解の後、十万三千石の封禄で引き継いだ稲葉家は財政が苦しく緊縮方針をとり、家中屋敷を整理し開墾させた。そのため、城下町の中に田圃があるという変則的な町になった。開墾は精米に従事していたという中島善右衛門が請け負ったということで中島田圃と称された。さらに、寺町新田（信越線に沿った地

中島田圃（昭和三十年後半）

域）・高田廻り（高田城下の周囲）・籔野新田・出丸新開・高士村《こうどむら》など、続々と農地が開かれていった。

これら開墾されたばかりの地からも租税が取り立てられた。

播州姫路から高田に移った侍の雪国の住居の印象

寛保元年（一七四一）十一月朔日、榊原家の高田転封の命が発せられた。発令日は、（旧暦で）冬の真っ最中であった。前任者松平定賢《さだよし》が高田から奥州白河に転じ、白河城主松平明矩《あきのり》が、姫路に転じたのもいずれも同日であった。

高田に到着した藩士の屋敷の配分は鬮《くじ》で決められた。榊原家は十五万石、松平越中守家は十一万三千石であり、榊原家の家臣の全てを収容することができず、不足する分は、町家に入れることとなった。屋敷は、気候の温暖な姫路の造りとは大きく異なりたいそう不評判であった。

高田入封期の政永、政敦二代の治政の記録として、「九々夜記」が伝えられている。この記録は、藩の公式的なものではなく秘話を集成したもので、それだけに人々の日常生活、喜怒哀楽など人々の感情が窺える。次は、入封当時の住まいや移転に関わる苦労譚である。

「寛保二年戌三月廿八日、御国替、高田御城請取渡し相済、夫より段々御家中

中島田圃宅地開発完成記念碑
「風雪中島耕地」高田市長小山元一書

諸士鬮取にて屋敷地拝領仕りし、弐・三百石取之屋敷いつれも玄関附之所希也といへ共、雪国なれはにや、すべて作りかけ異成り、入口四畳・五畳斗にして、ぬり板等之所有り、敷出し履ぬきと云物必付るなり、座敷八畳、次六畳、勝手十弐畳、奥ノ間八拾（誤カ）畳、外ニ物置・土間・舂屋等有之、何レもそれに床上掛物・生花・樽・肴等そなへたる所も多かりき、惣体こば板屋之所もあれ共、多クハ茅ぶき也、各姫路乃夏屋に住馴れし事なれば、かくいぶせき家に住まるへきやと口ずさみける」

知行取の家中屋敷

藩士達の住居は、藩から与えられた家屋敷、言わば官舎に住んでいた。藩士は、大別して知行方・切符方（蔵米を給禄される）足軽及び徒士などに区分され、これに伴い住居も異なっていた。

知行取は独立家屋であった。知行取の家の特徴は、土間、台所（水屋）が広く取られていること、各部屋を仕切る唐紙、障子を取り払へば一室として使えるようになっていたことであった。また、床が低くしてあったのは、賊など不審な者が忍び込むことができないようにという工夫であったと伝えられている。

家屋の形式は、書院造を基本とし、平屋造りとしている。古いものの中には、

小倉家「知行取百二十五石」（昭和二十七年撮影）
（『高田風土記』稲荷弘信著、昭和四十五年刊より）

下段の小倉家（知行取、百二十五石）のように書院造りと農家の折衷型の茅葺屋根の家も見られた。

おおよその間取りは、中央に玄関があり、取り継ぎの間の左手には、二間続きの部屋が並び、主人の間となり、来客を迎える間となる。格式のある家においては、奥の間に床の間が設けられる。玄関の置手は、居間、寝室あるいは年寄りの部屋となる。右手は水屋となり広く取られ、井戸、流しが置かれ、奥まった所に風呂場、物置がある。

榊原政令、家中屋敷に梅の栽培を奨励する

榊原政令は、行き詰まった藩の財政を立て直して藩士の生活を改善するために、藩士に内職を許すと共に、屋敷の空き地に梅・柿・栗など果樹のほか、楮・漆など有用樹を植えさせ生活の資にした。なかでも、梅は、「家中の梅」と称され珍重された。

その後も高田では果樹を植える伝統が脈々と引き継がれ、昭和九年当時の栽培の状況は、下表のようになる。

高田市における果樹栽培状況
（昭和９年前後）

種類	樹数（本）
梅	2289
柿	7236
葡萄	1620
栗	1050
桜桃	730
梨	428
李	295
無花果	270
枇杷	438
杏	295
石榴	190
林檎	156
合計	15365

出典：『郷土教育資料〈高田市の産業編〉』高田市立大手町尋常小学校編、昭和9年刊

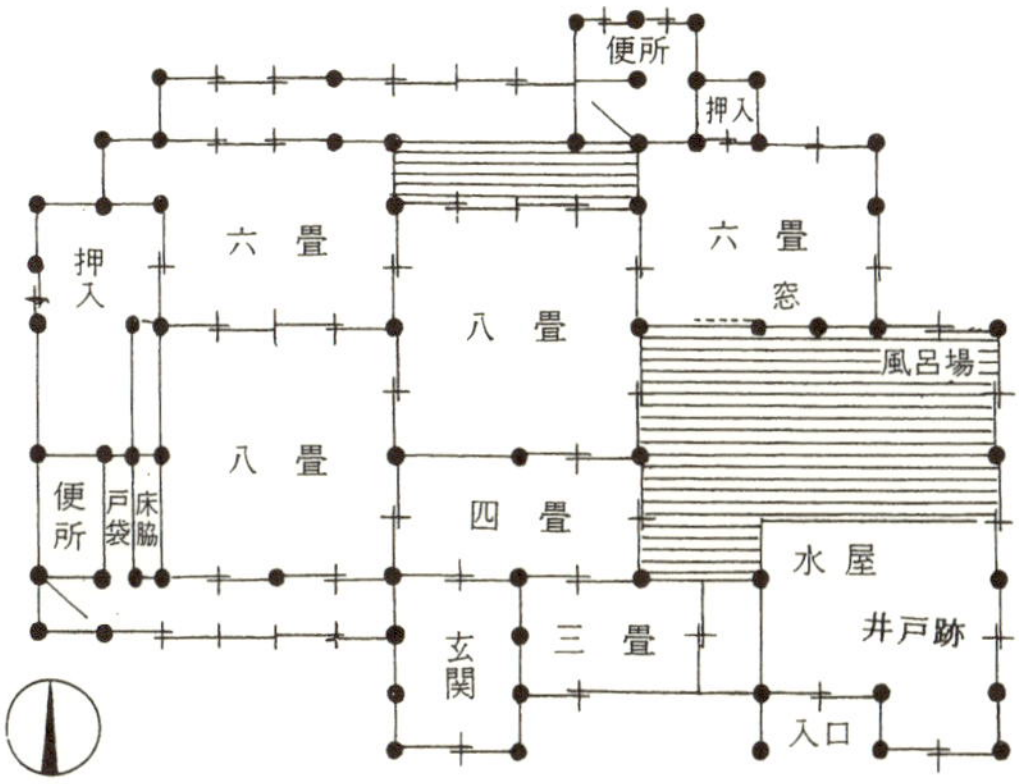

知行取の住居の間取図
（間取図は右ページ住居のもの）

城下の縁の下を支えた長屋

切符方、足軽及び徒士は長屋に住んでいた。高田の長屋の場合、足軽の長屋と徒士の長屋の区別はつけにくいが、切符方の長屋は、はっきりと分かる。

長屋の呼び方については、人名に関したものとして「美作・岡島・主水」。地名などに関係したものに、「幸橋・五ノ辻・六ノ辻・土橋・出丸・河原」など。職務、役所に関係したものに、「鉄砲・作事・南会所・西会所」などがあった。

長屋は、主として城の西側に配置され次の点に特色がある。

1、家中屋敷の外にあたる場所で町人町との境に見られる。
2、城の西側の防備の役割を担う青田川に沿って見られる。
3、城中に通ずる青田川の橋のたもとに見られる。

土橋…土橋長屋・切符長屋
一之橋…市之橋長屋・美作長屋・岡島長屋・主水長屋・中殿長屋・作事長屋・切符長屋・鉄砲長屋・西会所長屋
幸橋…幸橋長屋・五ノ辻長屋・六ノ辻長屋

特に、大手門に通ずる大手通り一之橋付近に多く見られた。「安政・文久年間家中図」での長屋の数は、二六カ所である。戦後、昭和二十七

西会所の足軽長屋（昭和二十七年撮影）
（『高田風土記』稲荷弘信著、昭和四十五年刊より）

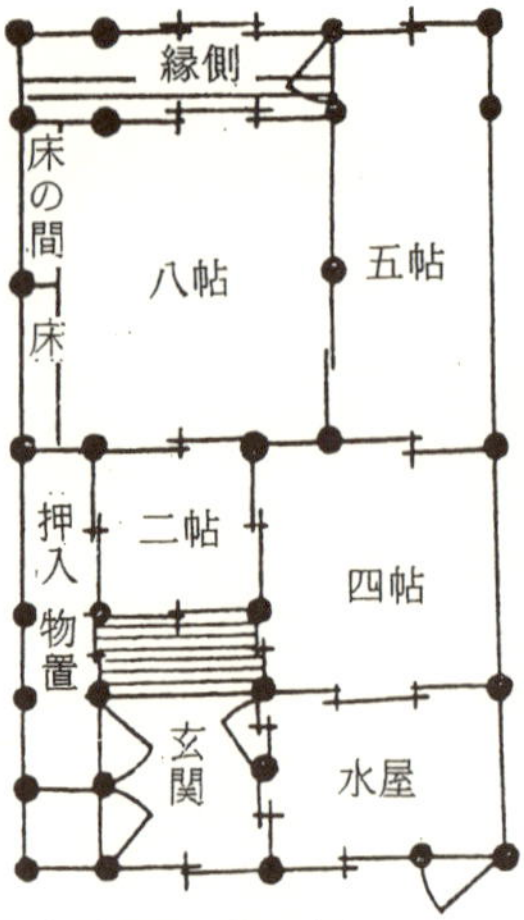

西会所長屋の間取例
（『高田風土記』より）

年(一九五二)の調査においては二二カ所も残っており、その残存率は八四・六パーセントにも及んでいた。★なお、長屋の戸数は明治初年(一八六八)において、一九二軒となり、全戸数の一六パーセントにあたると言う。

一般的な足軽長屋の構造は、入口と台所と六畳の居間が二部屋しかなく、しかも入口と台所で全面積の三分の一にも及んでいた。部屋の天井は、茅を用いた簀の子天井で低かった。長屋であるということから光は前後の開口部からしか入らず暗かった。屋根は、茅または藁で葺かれていた。

鍋屋町裏の「川原町長屋」では、前面、後面二筋の道路があり、これに接しての入口は玄関(後面)と台所の通用口(前面)の二カ所があった。玄関に当たる正式の入口は、裏にあった。これは上司が通行するたびにいちいち、往来に出て挨拶するのを避けるためであったと言われている。

日本一の雁木が続く町並み

伝統的な町家は、細長い「切妻平入」の母屋が道路に面し、各町家との間は空間をもたない。前面には「雁木」が付けられる。道路に面

▼『頸城文化・第五号』「城下町高田市に残存せる足軽長屋の分布」中村憲三・上越郷土研究会、昭和二十九年五月刊。

高田市内の主な官庁の藩政時代の位置(中村憲三調査)

官庁	榊原時代(文化、文政)	官庁	榊原時代(文化、文政)
大手町幼稚園	領奉行所	東本町小学校	伊藤忠兵衛
大手町小学校	○長屋(岡島)	新大高田分校	士族屋敷(中流武士宅多数)
中央病院	○岡島長屋	〃 芸能学部	本丸
榊神社	御館	〃 附属中学校	〃
城南中学校	○西会所長屋及び仁木、坂田、蒔田氏宅地	知命堂病院	竹尾丹下、瀬尾丹端、鈴木五郎八
大町小学校	○組長屋	税務署	士族屋敷三軒
東北電力会社	町奉行役所	営林署	大手曲輪
消防署	〃	公民館	一の丸
自衛隊	○出丸新長屋、新出丸組長屋及士族屋敷	工業高校	〃
保健所	村上主殿	北城高校	士族屋敷多数
測候所	○作事長屋	南城高校	竹田十左エ門
裁判所	○市ノ橋長屋の一部	高田高校	百石〜九百石の武士屋敷約8カ所

注 資料は「文化文政時代家中之図」(高田図書館蔵)
氏名を記入した武士は高級武士である。
○印は足軽長屋と関係がある。

する表口から裏口までは土間で通じている。間取りは、表口から「店」、「茶の間（中の間）」及び「座敷」となる。接客の場である茶の間に、天井を張らずに屋根裏まで続く高い吹き抜けが見られる。屋根には明かり採りの「天窓」がつけられ、明かりはこの部屋に差し込んでくる。蒸し暑い季節にはこの窓をひらいて風を入れることができる。店の二階は表二階と言われる。座敷の二階は裏二階と呼ばれる。表二階と裏二階には、茶の間の上に渡り廊下が設けられている。

母屋の奥に土間の廊下が見られ、廊下に沿って「台所」、「風呂」及び「便所」が設けられる。ここは雨の日や冬場の洗濯物の干し場や漬物桶の置き場にもなる。廊下の屋根は、片流れで雨水は家事用水と共に小溝を通って川または水路に流れる。その奥に「蔵」を持っている家もある。廊下の前面は「中庭」となり座敷から眺められる。なお、屋敷の裏手に余裕があれば菜園が見られる。

雁木の起源については、明らかではないが、『高田市史第一巻』に、「開府の際は見なかったが、春日山、福島に比べて積雪量がおびただしく、雪中の不便ははなはだしく、片庇をおろし、雁木造を始めた」と見える。これによると、築城後しばらくしてからできたものと見られる。私有地を公共の通路とした雁木通りは現代まで受け継がれ、その総延長およそ一六キロメートルにも及んでいる。雁木は冬の交通路の確保はもとより、歩行者の安全を守っている。

雁木には二つの型が見られる。

一つは「造り込み雁木」で、雁木の上は物置になっている。この型は古い様式で、現在ではその数が少なくなっている。次項で紹介する金津桶屋、今井染物屋は、江戸期末の建造になり、この形式を示している。

もう一つは「落し雁木」と言われ母屋に庇を出した形で、一般的に見られる様式である。

郷愁誘う金津桶屋・今井染物屋

金津家は桶屋である。間口三間、切妻造り、平入りで、屋根は現在鉄板葺きである。前面に雁木がある。間取りは、幅一間の通り庭を右側にとり、これに沿って表から店、茶の間、座敷の三室が並ぶ三間取りである。

店は、桶職の作業場であり、製品の見本が並べられていた。店には天井が張ってあるが、茶の間は吹き抜けで、梁組みと屋根裏を見せる。建築年代は十九世紀中頃（江戸時代の末）と推定される。一部に古材が入っている。座敷は、昭和二年（一九二七）に改造された。

今井家は染物屋である。間口六間半、切妻造り、平入りで、屋根は現在鉄板葺きである。前面に一間程の雁木を持つ。間取りは、ほぼ中央に通り庭をとり、その左側に表から店、茶の間、座敷、奥座敷を並べる。右側はもとは作業場であっ

雁木の続く町並み（北本町一）
写真右は「落し雁木」、その左隣に「造り込み雁木」が見られ、以下「落し雁木」が続いている。
（写真提供＝上越市歴史・景観まちづくり推進室）

た。

茶の間は、方三間で通り庭との間に仕切りがなく、天井がなく吹き抜けの高い空間となり、一間間隔に縦横に組んだ梁組み、その上の小屋組みや屋根裏が望め、貫も化粧として扱われている。荷重が軽いためか、梁はやや細く感ぜられるがそれだけに繊細で洗練された感がある。茶の間を除いて二階がある。主屋の背後に土間、便所、作業場、味噌蔵、土蔵がある。店の前面は外格子となり、外見からも町家造りを残している。

この建物は、前者と同様十九世紀中頃の建築と推定される。その後、出入口の大戸をはじめ建具など交換されてきたが保存状態がよい。上越市では、金津家（桶屋）、今井家（染物屋）の両家を持ち主の意志によって譲り受けて、一般公開がなされている。これにより江戸末期の職人の仕事場と暮らしの様子を窺うことができる。

田沼意次が押しつけた樽屋枡に抗した「高田枡」

「高田枡」と称する枡は、高田の枡座で製造販売権を独占し、頸城郡全域、魚沼・刈羽・三島各郡の一部及び信州更級郡の一部に通用した枡で、米穀・酒・油等の計量に用いられ、この枡以外のものを使用することが禁じられていた。

今井染物屋の茶の間（大町五）
茶の間は吹抜けとなり梁組みが見られる。所有者の意によって市が譲り受け一般公開されている。
（写真提供＝上越市歴史・景観まちづくり推進室）

高田枡の製造販売をした「枡座」は、春日山城下時代に始まり、福島城下を経て高田城下に受け継がれ、町年寄の管理下に置かれた。枡の製造販売は、町年寄が順番で勤め、その収益は町年寄の役料となった。

豊臣秀吉が天下を統一すると、枡の容量の統一を図り、京都に枡座を置いて枡の製造販売をさせた。この枡は「京枡」と呼ばれた。江戸幕府は寛文九年(一六六九)、江戸に枡座を設け、仕様は京枡に準じた。

高田の越後中将松平光長時代では、春日山時代の寸法で高田の枡座で製造した枡を使用していた。越後中将家が没落しその遺領が天領(幕府領)になると幕府は、江戸枡と同じ寸法の枡を高田の枡座に作らせた。この枡の内法をはじめ、細部の定めがあったが、板の厚さだけは一定していなかったので、町年寄森繁右衛門が当番の際、高田で作る枡の板の厚さは、一斗枡は六分強、一升は四分強等と定めた。これが高田枡の信用をさらに高めた。

安永五年(一七七六)、田沼意次は、東三三カ国の枡を江戸の樽屋藤右衛門の枡に統一し、高田の枡通用を禁じた。高田枡は樽屋の枡と寸法は同じであり、商取引においては何ら支障はなかった。これによって打撃を受けるのは町年寄のみではなく、高価な枡を新調せねばならない商人であった。町年寄を中心に古格維持の運動に乗り出し、榊原家も幕府に嘆願書を出した。幕府は、樽屋枡に統一する方針のもと、役人を派遣して強行しようとしたが、民衆の抵抗で果たせず、抗争

高田枡

は七年に及び天明二年(一七八二)、幕府は、高田枡、樽屋枡両者の混用を黙認した。

安永九年、寛政九年(一七九七)の二回、樽屋枡取次所を設けたいと藩に願い出た者があったが、藩は許さなかった。

文政三年(一八二〇)、同七年に、魚沼郡内で高田枡の使用を禁止しようとの動きがあったがこれも不成功に終わった。

城下に賑わいをもたらした寺社

寺社の縁日や祭日や本山からの出開帳には、参詣人が城下に集まり賑わった。相撲興行は、金蔵寺が権利を有し、同寺の境内で行われた。娯楽の少ない時代であり、大盛況であった。

特記されるのは、時代の節目節目に開かれた仏教文化の祭りであった。

大正二年(一九一三)は、松平忠輝が高田に城を築いた慶長十九年(一六一四)から数えて三百年目に当たることから、九月十日から一週間にわたって「高田開府三百年祭」と銘を打った空前の祝賀行事が展開された。それらの行事の一環として、「法宝物展覧会」が本覚寺、本誓寺、浄興寺、善導寺の四カ寺を会場として開かれた。

昭和初期の不況にあえぐ、昭和六年(一九三一)、「高田保勝会」は、観桜会に合わせて全国各地から各宗の法宝及び当地の法宝・寺宝及び高田藩関係の資料を集めて「全国宝物展」の名を冠して、市立図書館及び市内八カ寺を会場として開催した。展覧会は全国と冠しただけあって展示品の内容、その数ともに人々を圧倒するものがあった。

戦後の昭和二十三年九月、新潟県仏教会及び上越一市三郡仏教協会主催で「仏教文化祭」が開催された。当時の日本は、従来の価値観が崩れ、人々は求めるものを失い、虚脱の状況下にあった。仏教文化祭の栞は、極めて粗悪なセンカ紙ではあるが、表紙に描かれた「飛天」の姿に、新時代が到来した喜びが表れている。新しい社会を築きあげようとする人々に励ましのエールとなった。

横町の留女

高田は城下町であるが、宿場町の性格を備えていた。高田における旅籠屋は、下小町、呉服町、横町に置かれていた。その数は、『高田市史』第一巻によれば、寛保二年（一七四二）に四八軒、宝暦三年（一七五三）には五四軒を数え、内訳は、下小町二五軒、呉服町七軒、横町二二軒となる。

真宗浄興寺之景（寺町二）
（金沢市済美館製版、明治三十三年刊）

高田藩はこれらの旅籠屋に対し利用者の扱いに関して、「外宿共違イ御城下之儀ニ候得ハ誰ニ而モ万端安堵イタシ止宿候処人柄悪敷取候ハ全ク上ヲ不恐ヨリ事起リ不埒之至ニ候」と、丁重にすべき旨の示達を出している。そして城下町の体面を考えて、「風儀ヨク、御威光モ輝ク」ように営業せよとしている。ここに城下町の旅籠屋の性格の一面が窺える。高田には、公娼新設不許可の方針、城下町の品位の保持等の考え方が作用してか、遊女は置かれなかった。しかしながら、横町の旅籠屋には、「留女」と称する女が置かれた。

越後中将松平光長家の後を受けて入封した稲葉丹後守の時代(一六八五〜一七〇一)において、かつて高田城下に私娼が存在したがこれを追放して、横町旅籠屋に留女を置くことが許されたと、旅籠屋の記録がある。ここに散娼★を抑え、併せて宿場の機能の強化を図った様子が窺える。

▼散娼
街娼。

高田城下において留女が置かれた旅籠屋の数は、「宝暦七年一八軒、天保十三年(一八四二)二八軒、天保十五年三五軒」と増加して、八十年間に二倍にもなった。

横町留女の服装は、木綿の紬縞に、前垂れという質素な身なりをしていた。女中と違い、中には三味線を弾き歌をうたって接客した者もいたが、二階で三味線を弾くことは許されなかった。従来、横町旅籠屋の留女は、旅人のみを対象としていたが、次第に城下の者も客とすることが認められ遊里化してきた。家中の侍の登楼は禁じられていたが、町人に紛れて登楼する者もあった。

その中、留女と心中する侍もあった。「九々夜記」において、「安永十年四月二日夜、原田殿家士河崎五郎右衛門の伜清太夫と云者横町の女に手をかけて殺し、未明に我屋へ帰り衣服を改メ上下を着て切腹す、実は信終（心中か）なるの由、其隣何某早く右之町へ駆付て右之女ハかみそりにて自害之由に仕直し、検使を受済む、清太夫は病死に申立て無障、此清太夫は柏崎白石清左衛門男初庄三郎と云う二十五歳、女小満十八歳」と、見える。

これも高田

天下の「東照宮」高田城下に三カ所

　元和二年（一六一六）四月、徳川家康が駿府で没した。生前の遺命に従い駿河国の久能山に神葬された。同三年二月、朝廷は家康に対し、東照大権現の神号を贈った。三月、二代将軍秀忠は下野国の日光山に祠廟を設け、久能山から神霊を分霊した。寛永十一年（一六三四）三代将軍家光は、社殿の改築を企て、諸大名の協力を得て、同十三年に完成した。

　正保三年（一六四六）、朝廷は宮号を東照宮とするよう宣下した。これに伴って毎年の例大祭には、奉幣使が参向することとなった。将軍家の東照宮の社参については、諸大名が随伴したり、あるいは代参した。

　日光に東照宮が鎮座されると、全国各地に東照宮が勧請奉斎され、高田城下には、長恩寺（のちの天崇寺）、護念院（廃寺）、称念寺の三カ寺に東照宮が奉斎され、全国東照宮連合会の調べに載せられている。

　長恩寺は、春日山山麓に開基し、安国寺村を経由、高田城築城に伴い現地に移った。寛永元年（一六二四）、越後中将松平光長が城主となると、同家の菩提所となった。

　翌二年、家光の命によって境内に東照宮が造営された。家光は、染筆を添えた家康の画像と神供料一〇〇石を下賜して本宮の格式を高めると共に保護をした。榊原家時代の寛政十二年（一八〇〇）、本堂から出火し東照宮も焼失した。仮堂が文政元年（一八一八）に再建されたが、同四年に焼失、再建後、明治十六年にまた焼失した。幸い、家康画像は、難を免れて今に伝えられている。画像の構図は、束帯を纏って正装した坐像である。腰の佩刀は、黄金造りで金梨地に葵の紋を並べ、華やかさの中にも、画像は威厳に満ちている。

　護念院は、榊原家代々が家康をはじめ、歴代将軍の霊位を安置し祭祠を司ってきた霊屋で極楽寺（高田駅の西側辺りにあった）に併置されていた。廃藩後、同寺は廃寺となり霊位は榊原家に移された。なお、極楽寺は、長恩寺と合併して天崇寺となった。

　称念寺は、上越地域において唯一の時宗の寺であり、高田開府に際し現地に寺地が与えられ移転した。本堂には家康の位牌を祀り、東照宮としての資格を備えている。なお、同寺には、「徳川家康六歳筆三河万才」といわれる絵が伝えられている。家康に深く関わる伝承であり、興味深い。

　なお、高田藩榊原家時代、高田城三重櫓の三階に家康の神号「東照大権現」の軸が掲げられていたとも伝えられる。だとするならば、ここも東照宮の神域を備えていたことになる。

徳川家康肖像（天崇寺）

③ 今町湊

延喜式に北陸海路の官用港として登場した今町。港なくしては今町は語れない。藩政時代今町は高田城下町の海門として従属するに止められ、商活動も封じられた。直江津の八坂神社の祇園祭は、長い歴史の中で育まれた見事な祭事を伝える。

今町湊の役割

慶長十九年(一六一四)、高田城が築城された時、関川を渡る橋と直江町が高田城下へ移されたが、直江津の地には今町が港として残され、高田藩の支配下に置かれた。

高田藩は、他領の船が藩領内の沿岸に着岸することを禁止し、船への貨物の積み降ろしは今町湊しか許さなかった。今町の川舟業者には、関川、保倉川などの内陸水運の独占権を与えた。このような動きを通して、高田藩は今町の支配を強め、高田の外港としての働きを整えてきた。

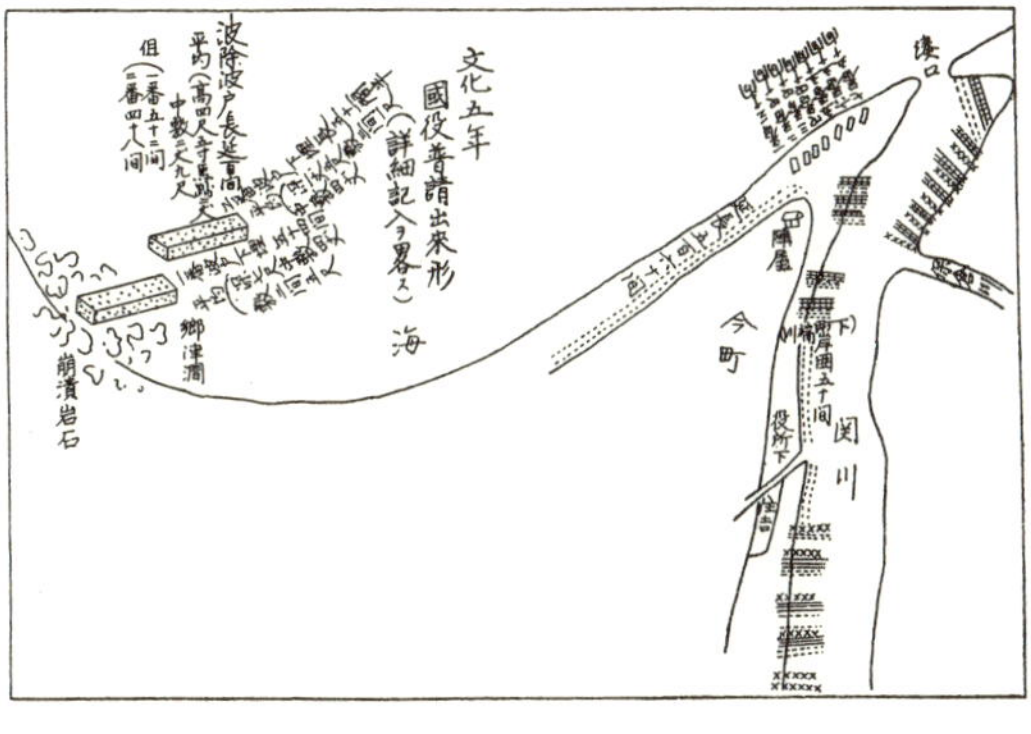

文化五年今町湊国役普請出来形図
(『直江津町史』白銀賢瑞著・直江津役場昭和29年刊)

河口の浅い港

今町湊は、河口を利用したもので水量の多い場合でも水深は一間半（二メートル余）程度しかなかった。十月から翌年の三月までは波、風が激しく荷揚げが困難であった。

港は川を上った所にあり、二百石積み以上の船は荷を積んだままでは港に入れないので、親船の積荷を川舟に移す「瀬取り」、停泊中の親船に運ぶ「沖送り」が行われた。物資の流通が盛んになると廻船が次第に大型化したためこの形となった。

港の船着場は、明暦（一六五五〜八）の頃から、現在の荒川橋近くの川岸に置かれた。その後、この辺りから至徳寺村地内にかけて貨物を納める蔵が建てられるようになった。船着場に出入りするのは川舟に限られていたが、年貢米を近隣の海岸から今町に運ぶ船の出入りする「灘廻し」については例外として許されていた。

その他の船荷は、河口にあった出村へ陸揚げしたのち、船問屋の管理となり、船荷を積んだまま川を上ることはできなかった。船荷を周辺へ運ぶには、出村で別の川舟に積み替える定式になっていた。

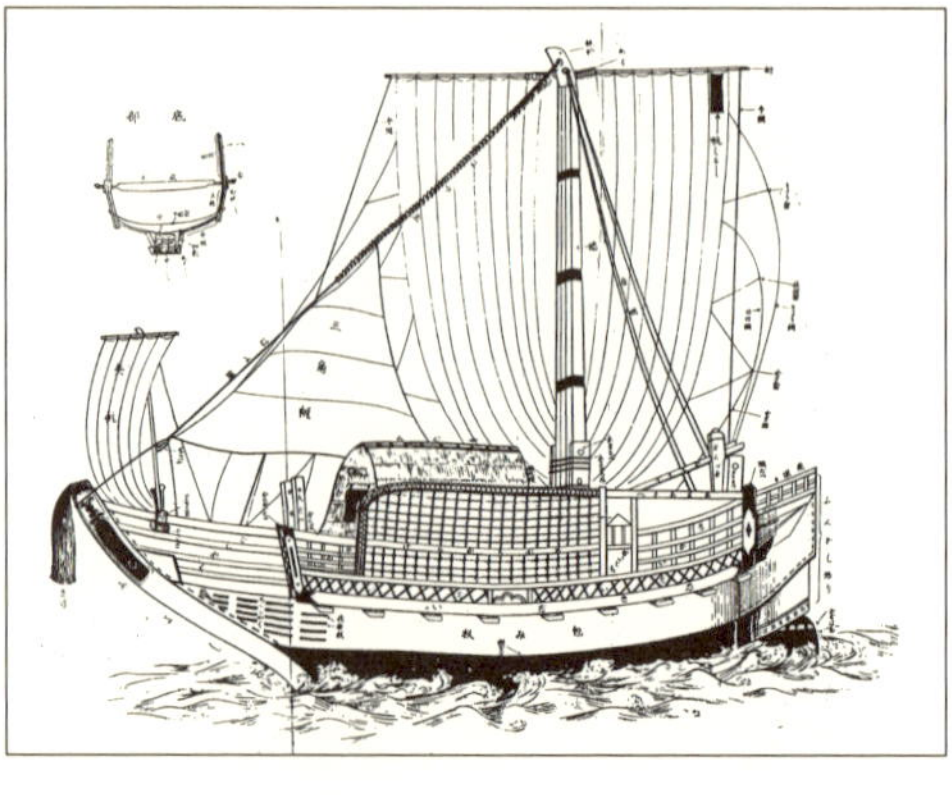

北前船の姿
（『越佐航海史要』佐渡汽船株式会社刊）

郷津澗

今町湊の西隣の郷津澗《ごうづかん》は、中世までは越後国府の港であったとされる。入江の南西の丘陵が、西風を弱めることができ、風の強い時の避難港として利用されていた。東岸の砂浜は、冬場の廻船の陸揚げ場ともなった。

高田藩時代に入り、寛延四年(一七五一)四月の大地震で今町湊が崩壊した際に、今町湊関係者は自普請で郷津澗に応急の修築を加えて急場を凌いだ。文化年間(一八〇四〜一八)には、国役普請がなされてきた。

明治に入り、郷津港築港の議が上がり、いくつかの案も提示されたが、政争の具に止まり、進展するには至らなかった。

商品の独占権

今町で陸揚げされた商品は、その一部分は町民の消費として今町に残されたが、大部分は川舟に積み替えられ関川を上り、高田城下稲田橋を挟んでの左岸、上の荷揚場・下の荷揚場で陸揚げされた。

商品には、地場の生魚・塩魚・木材・薪炭などのほか、全国各地の商品も見られた。これらの商品は主に高田で消費されたが、頸城郡内の村々や信濃へ運ばれていくものもあった。高田藩は、城下で消費する物資の確保を図ると共に領内外における商品流通の掌握、統制のため、高田商人に先のような商品に対する独占的な営業権を与えた。

今町湊は、商品の受け入れの港に止まらず、高田平野やその周辺の山間地、信濃東北部からの物資を移出する港でもあった。移出品で最も多いのは米であった。移出米には蔵米（領主が捌いた年貢米）と町米（農民の販売米）があった。このほか、大坂や江戸に送られる換金目的の回米があった。

船と貨物の取り締まり

船が入港すると、宿とする問屋に依頼して、添証文を受け、その証文と共に「入津書付」を今町陣屋と沖ノ口番所へ差し出すことになっていた。その後、陣屋役人から積荷の検査を受け荷請問屋へ荷物を陸揚げして取引を行った。取引が終わると定められた運上を入荷運上方浜手代へ納めた。

出港に際しては、今町陣屋から荷物の検問を受け運上を運上取立役に納め、沖ノ口番所の許可を得て船に積み込んだ。次いで、番所の指図を受けてから出港した。港での荷物の陸揚げと積み込み作業は、船問屋の管理のもとに、寄町に住む、

「小揚」と称される積み降ろし人夫が行った。

沖ノ口運上がかけられた品目として、元禄年間(一六八八～一七〇四)の場合においては、塩鰤・干し魚・茶・塩・銑鉄類など一五品目に課せられた。宝永から享保年間(一七〇四～三六)には移出品の米・小豆・油粕などにも課せられ、一九品目となった。

抜け荷の取り締まり

福島城時代まで直江津今町がもっていた商業上の役割と特権は高田に移されたが、日本海海運が発展するにつれ、今町は、次第に発展した。だが高田藩は高田城下町を中心として領内の商業・流通を押さえ込む政策を進めてきたため、今町は厳しい規制を受けてきた。今町商人たちは、厳しい規制をくぐり抜けて商品の移出入、いわゆる、抜け荷を行ってきた。藩は抜け荷に対して、今町の陣屋と陀羅尼口・伊勢町口・稲田口の三カ所の番所で取り締まりを行った。

魚類販売権の争い

堀家の時代の慶長十三年(一六〇八)、当時、福島城下にあった田端町に四十物《あいもの》★の独

▼四十物
塩魚類。

占的販売権を認める御定書が与えられた。その後、高田に移ってからも田端町はこの特権を持ち続けた。

延宝二年(一六七四)には、浦浜（海岸の村）から直接、他国へ移出することを禁じた。つまり漁村で捕れた魚はすべて今町に集め、町に入った魚は「振り売り」（行商）分を除いてすべて田端町問屋に送るように命じた。だが、今町の魚商は抜け荷を行い販売を続けた。藩は田端町に抜け荷の監視を強化するよう命じた。これを受けて田端町では、「肴横目」と称する監視人を今町に派遣して取り締まった。これまで今町の者には、鰯と小魚については一荷だけならば、どこでも振り売りが許されていたが、宝永元年(一七〇四)田端町は小魚の中に上魚が混じっていたと主張して、争いになった。元文五年(一七四〇)には、生魚に止まらず塩魚まで田端町の改めを受けなければ扱うことができなくなった。

宝暦十年(一七六〇)、今町湊に入る魚は言うに及ばず、西浜、犀浜の魚でも、今町で改めを受け運上を納めれば、領内いずれの所でも売ってよいことになった。

その後も両者の争いは続いた。安永二年(一七七三)、生魚については従来どおり、田端町で引き請けることにしたが、入港の魚の二割分は今町の町内において扱うことを認め、暑い時期や大量入荷の節は、話し合いにおいて今町でも塩魚や干し魚への加工が認められた。文政四年(一八二一)、今町の横町で今町の魚商人が犀浜や名立の魚扱い者と共に、田端町の魚役衆三人を殴る蹴るなどの挙に出た。一

東条琴台詠「高田十二景」

田端魚市
連閭分上下　腥市曰多端　棘鬣魚尤夥
拳螺肉最乾　頻驕饒水族　却訝厭山餐
可笑江湖客　盈舟耽釣竿

四、繁盛する田端の魚市場
町に立ち並ぶ家々は、上下に分かれ、この地の魚市場は田端と親しまれている。市場には骨ばった鯛のような魚が人気があり、巻き貝のサザエも喜ばれ、海の幸を集めて自慢している。人々は、野や山の野菜、山菜を厭うてのことかというかる程である。世の暇人の中には、時に舟を漕ぎ出して魚釣りに夢中になる者がある。誠におかしなことである。

人は怪我を負い住吉神社の松に縛りつけられ、残り二人は町役人の勝島家と林正寺に逃げ込んだ。田端町は、他町からの応援を得て今町に押しかけ報復した。

春日新田の馬市

当地での馬市の始まりは、春日新田の又左衛門が馬の産地東北方面を回って、宝暦十四年(一七六四)、十数頭の馬を当地にもたらしたのが始まりと言われる。当時、春日新田は天領であり秋田城主佐竹氏の預地となっていた。安永六年(一七七七)、又左衛門は佐竹藩に馬市の開設方を願い出、許可を受け、同時に佐竹家定紋★入りの幕を下付され、定紋入りの提灯の使用も許された。これにより権威ある馬市の基礎が固まった。又左衛門は、苗字を許され、高浪忠太夫と名乗った。享和三年(一八〇三)、倅の平太に家督を譲り隠居した。平太は父の名を襲名し忠太夫と改めた。

彼は、米沢藩主上杉鷹山の信任厚く、米沢藩の畜産振興の功により、藩主から金二〇〇両の褒美を受けた。

春日新田の覚真寺の境内に「馬頭観音」、「高浪忠太夫天然信士墓」(二代高浪忠太夫)があり往時を偲ばせる。

▼佐竹家定紋
扇に月の丸を打った紋所。

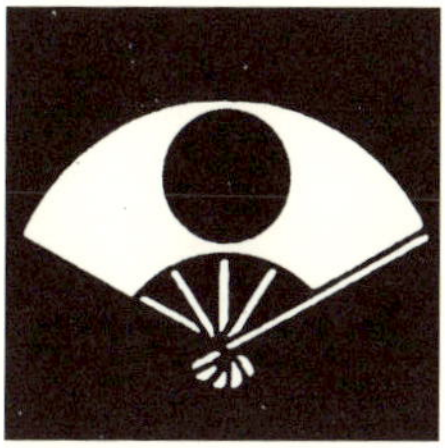

塩の販売権の移り変わり

今町湊に入る塩は、瀬戸内方面の塩のほか、犀浜塩・西浜塩★・佐渡塩などがあり、その大半が信濃方面に運ばれ、信濃行きの商品の中で塩の利益が最も大きかった。

塩の販売権は、小町塩問屋が持ち、定額の役銀（定請銀）を藩に納めていたが、抜け荷が盛んになり小町問屋は衰退の途を辿った。文化十一年（一八一四）、今町沖ノ口の入り塩番所を今町入り塩改会所と改め、小町塩問屋の権限を移し、問屋の定請銀は廃止された。

こうした高田の問屋独占権の衰退の要因は、時代の趨勢である商品経済に押し流されたことによるものと言える。なお、高田藩領の頸城郡は沿岸部、東部山地に止まり、犀浜で陸揚げされた貨物は高田を通らずに頸城各地へ送られる物資が増え、この動きに拍車をかけることとなった。文化六年、犀浜が高田藩領となった後も、この流れは変わらなかった。

▼犀浜塩・西浜塩
犀浜―直江津から東の頸城海岸、西浜―直江津から西の頸城海岸）

度重なる災害に耐えて

福島城から高田城に移った翌年の元和元年(一六一五)の今町の状況は「高田城請取覚書」によると、戸数六一二戸、人口二九三七人であった。安政六年(一八五九)の場合、「福永家文書」によると、戸数一四二二戸、人口六〇六五人と見え、災害を乗り越え、発展してきた様相が偲ばれる。

今町は北に日本海、東に関川を控え、風水害に遭いやすい宿命を担っていた。とりわけ、文化九年から天保初年(一八一二~三五頃)に至る間は海岸崩壊の受難時代が続いた。

文化九年の風水害で被害を受けた家数は一五〇軒に上った。災害状況について「荒《あら》増《まし》此絵図之通」と詳細な被害状況の絵図が伝わっている。

今町は秋冬にかけては西北風にさらされ、春夏は東南の風が卓越ししばしば大火に見舞われた。八〇〇戸以上の火災として、「明和四年(一七六七)〈やきもち火事〉八〇

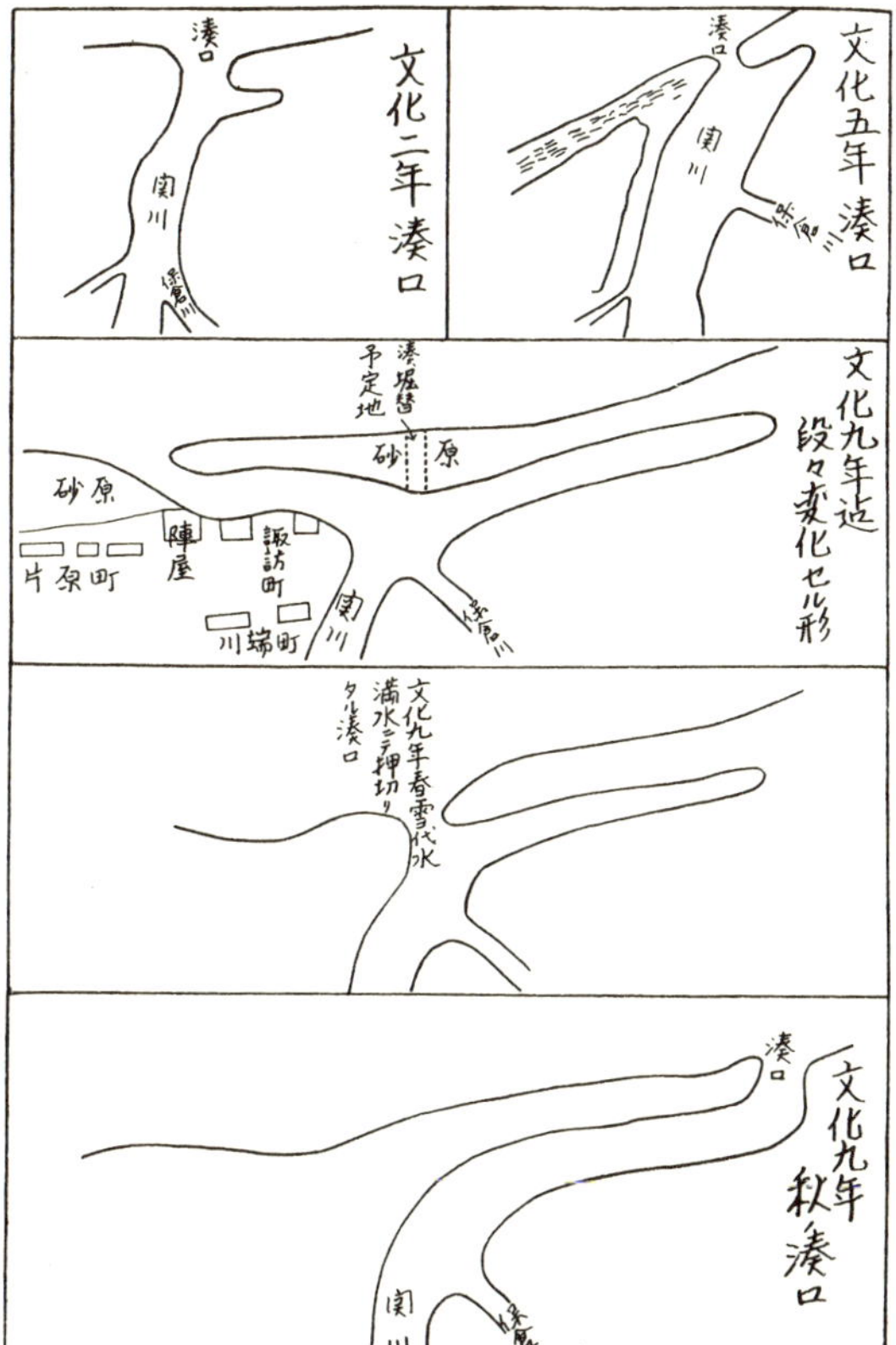

自文化五年至同九年、今町湊口欠損状況図
(白銀賢瑞著『直江津町史』直江津町役場、昭和二十九年(一九五四)五月刊)

〇戸、文化十五年八九九戸、弘化元年(一八四四)〈だぼ八火事〉一二〇三戸、安政五年一一二九戸、明治三十一年(一八九八)〈八幡火事〉一五九五戸、同三十九年〈ながさの火事〉一〇四一戸」が知られる。★

このような火災から守るため江戸期の今町の範囲には、土蔵を備えた家が多い。このほか、土蔵と住居が一体となった「座敷倉」と称される固有の構えを備えた家が見られる。

倉の大きさは一・五間×二間が多く、二間×二間は稀である。倉は二階建てとなり下は畳が敷かれ仏壇、箪笥が置かれ生活の場となっている。二階は収納場となっている。いざという場合、扉を閉めることにより仏壇をはじめとして貴重品を守ることができたものと思われる。このような座敷倉は、寡聞ながら全国的にみて事例は少ないのではないかと思料するが如何なものであろうか。

今町での魚扱いの途を開いた福永十三郎

高田と今町(直江津)との商業権益の係争は、元禄の頃から幕末までのおよそ二百年間にわたっている。今町に課せられた条件、経過についてはすでに見てきたところである。

福永十三郎は、今町の大肝煎で越前屋と称し、廻船業務、生魚の取り締まりを行ってきた。かねてより高田・今町は、共存共栄であらねばとの信念をもってい た。高田藩に対しては、財政の立て直しのために藩内の地主や商人を説いて「才 覚金」を調達し、藩政を助けてきた。藩は苗字帯刀、乗馬を許し、彼に報いてきた。

宝暦十年(一七六〇)、十三郎は、魚商人の窮状を解消するため、江戸に上り、四十物商売について今町の置かれている状況をつぶさに訴え、老中による裁きを嘆願した。裁きは高田藩に委任され、今町陣屋で運上金を納めた四十物は領内で二重の運上の必要がないとの判決を下した。また安永元年(一七七二)に生魚の販売権について訴え出て、今町に入荷した二割を今町で販売できるようにした。

十三郎は、この知らせを持って江戸から帰る途中、高田城下の田端に寄ったが、ここで急死を遂げた。十三郎の死は、毒殺によるものであるとの噂が流布した。時に安永三年(一七七四)七月四日であった。行年、五四歳であった。墓所は林泉寺に置かれている。今町の魚商人にとって、追慕の情、禁じ難きものがあり、火葬に付された十三郎の灰を集め、地蔵尊を安置して冥福を祈った。この地蔵尊はいつしか「灰塚地蔵」と称された。明治十五年(一八八二)遺徳顕彰碑が地蔵尊の脇に建立され、昭和七年(一九三二)には十三郎を神として祀り、社殿が建立された。この時、地蔵尊は徳泉寺に移された。

直江津魚商人の権利確保に尽力した福永十三郎の功徳を偲んで明治十五年十月に建てられた石碑

藍商人の来港

市内、住吉町にある住吉神社の祭神は、航海や漁業の神として信仰されてきた。境内に常夜灯が建てられているが、この灯籠は、安政二年（一八五五）、阿波国名東郡中村の藍商人江之島屋利助、手塚六三郎が寄進したものであることが竿に彫られた文字から知られる。また、手水鉢は、「寛政三年（一七九一）、大坂阿波藍染屋中」の奉納によるものである。これらの寄進された品は、藩政期時代、関西・四国方面からの船の来航があったことを告げている。

なお、高田城下には紺屋町が設けられ、寛保二年（一七四二）四九軒、天明四年（一七八四）五五軒と『高田市史』第一巻に見え、盛況ぶりが窺える。

今町の生んだ力士 越ノ海勇蔵考

越ノ海は、今町の生んだ力士で、『直江津町史』において、「直江津出村出身（一説に能登と云ふ）、名は船木勇蔵、今町福永家に仕ふ、軀幹長大身の丈け五尺八寸（一説に軀幹矮小とも）力量人にすぐれ、角力を好み、幼年時代同輩と角するに壮者も克く勝つものなしと云ふ。福永十三郎之を見て相撲とならんことを奨め資を給して江戸に行かしめ、柏戸宗五郎の門に入らしむ。愈々、其技を研き宝暦十年（一七六〇）、江戸に於いて東前頭一段目に入幕す（一説に寛政七年（一七九五）入幕と云ふ）。宝暦、明和、安永の頃（一七五一～八一）、三都及諸国を巡業して其の右に出る者がなかったと云ふ。寛政時代（一七八九～一八〇一）には、東方大関に頸城出身の九紋龍あり前頭に越ノ海あり、小結に新潟出身の鷲ケ濱あり、越後力士の気を吐いた時代である。越前宰相松平侯の御抱ひ力士となって居った。時恰も安永年間、今町、高田間に生肴販売権に関する訴訟問題があって旧主福永十三郎出府せるに逢ひ旧主並に郷里今町の為め越前宰相を通じて裏面から助力して勝訴に帰せしむと伝ふ。将来大関を期待されしが、師匠の為め四海波灘右衛門を破って、其の仇を復したが、灘右衛門の襲撃に逢ひ遂に傷死したと伝へられる」と記されている。

『大相撲人物伝』（ベースボールマガジン社刊）においては、直江津出身。本名柴福松、宝暦から安永期にかけての強豪力士。はじめ武蔵川初右衛門の弟子で、のちに玉垣額之助の門下に転じた。宝暦九年三月、江戸に頭書「越州」、東上段五枚に越ノ海福松が初見される。後、頭書が「越後」、「江戸」と変わり、明和四年（一七六七）三月のみ「仙台」となっている。同年五月の大坂で、下の名を勇蔵と改めた。稲川（猪名川）、千田川、友綱（横綱）らと共に四天王と言われ、全盛期、釈ケ嶽に勝ったこともある実力者であったが、不運にも、最高位は前頭筆頭

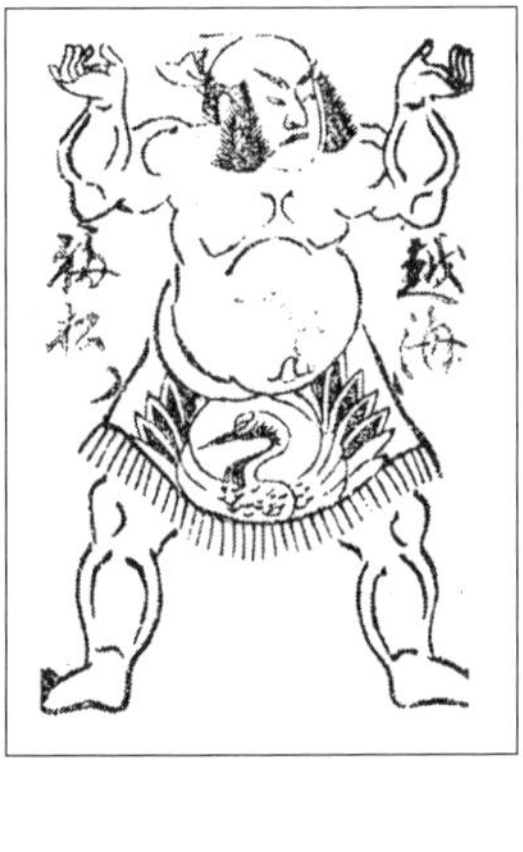

越ノ海勇蔵（前頭筆頭）

に止まり、天明元年(一七八一)七月、京都で現役のまま死亡した。

「町史」と「人物伝」との記述において履歴、活躍期、業績及び死因などにおいて相違点が見られる。入門期について、「町史」では、宝暦十年、東前頭一段目とありほぼ一致するが、番付については疑義が残る。入門は、福永十三郎が柏戸宗五郎の門に入らせたと「町史」に見えるが、四股名「越ノ海」は、「玉垣部屋」で引き継がれているものであり、四股名から課題を残している。はじめ、越後越ノ海福松と称し、越後出身であることを示している。宝暦十一年以降は、江戸の頭書となり江戸大相撲に身を置いた。「人物伝」では、明和四年三月の番付は仙台としているが、番付表の誤刻とも思われ、確認の要がある。活躍期については、「町史」に一説に寛政七年入幕と、注記があるが、寛政七年では時代が下り過ぎて、状況は合わない。寛政期、谷風梶之助、小野川喜三郎、雷電為右衛門及び頸城出身の九紋龍、下越出身の鷲ケ濱が肩を並べ、大相撲史上、黄金時代を迎えていたが、越ノ海は、土俵を共にすることはできない。

死因については、「町史」においては、師匠のため、四海波灘右衛門を破って仇を果たしたが、返り討ちに逢い傷死したとしている。「人物伝」では、天明元年(一七八一)七月、京都において現役で死亡したとしている。

エピローグ

高田藩の遺産

新政府は、慶応四年(一八六八)四月以来、各藩に対してこれまでの家老や用人を廃して、全国一律の執政・参与を置くなどをはじめとする藩政改革を要求し、藩権力の否定と中央集権の浸透を図った。高田藩は、戊辰戦争への対応に追われて旧藩体制のままであった。

明治二年(一八六九)六月版籍奉還が実施され、藩主榊原政敬は高田藩知藩事に任命された。八月、新政府は藩治職制に基づく改革令を各藩に布告し藩庁の改革を進め、藩庁首脳は入札《いれふだ》で決定されることになった。だが高田藩では、藩首脳部は役職名が変わっただけで、執政・参与は年寄・中老・側用人・奏者番から選ばれた。上級家臣層が藩政を握る形は変わりがなかった。その後、執政・参与は大参事・権大参事と改称、政府が任命する形となり、藩庁機構も改定されたが、藩の基本的体制の変革はなかった。新政府にとって最大で緊急を要する課題は、藩体制を完全に解体した集権的な政府の樹立であった。四年七月、新政府は、詔を発して二六一藩の廃藩置県を断行し、三府三〇二県と

榊原政敬肖像

した。同時に、版籍奉還後も旧藩主を充ててきた知藩事を廃止し、旧領地との関係を断ち切り、政府任命の知事を置くこととし、集権化の基盤が整えられた。

さらに県の統廃合を進め同年末までに三府七二県とした。高田県は、設置四カ月後の十一月に廃止され、柏崎県への接収事務が終了すると、高田県関係の役人は一斉に罷免され、これにより高田藩としての地方政治の中心的地位、機能は失われた。

同四年(一八七一)七月十四日、皇居で発せられた廃藩置県の詔は、高田には二十五日に伝えられ、知藩事は九月中に帰京するよう命じられた。二十七日、これまで藩主に拝謁ができなかった士族卒が廃藩を機に初めて拝謁した。拝謁の儀式は朝八時に始まり夜十時にようやく終わるという盛大なものであった。

知藩事を解かれた榊原政敬は、八月三日、高田を出立した。政敬は朝四時、旅装で座敷に出座した。発駕に当たって家従から武運長久の故事にならって勝栗の献上を受けた。

その後、旧家臣の挨拶を受け、午前十時、門を出て旧藩士に見送られ東京に移った。政敬は、十一日東京に到着し、十三日に東京城に参内し天皇に帰京の挨拶をした。

東京に移った政敬は、同九年四月宮中勤番、同年十二月麝香間《じゃこうのま》伺候《しこう》、同十七年七月華族令により子爵授与、同十八年七月勲四等旭日章授与、青山御所勤番が命ぜられた。明治が終わろうとする同四十四年七月従二位が授位された。

同二十年十二月、東京本郷弓町の榊原政敬邸にて、旧譜代諸家が徳川慶喜を戴く「徳川譜代家会」の設置が議せられた。本会の運営録として「徳川譜代懇親会記事」がある。本会設置の意義については、「徳川家康は中原に鹿を逐って覇を争ったが、井伊、本多、酒井、榊原数十人が身を挺して忠を尽くし鴻業を翼賛してその功により譜代大名となり、明治の世を迎える事となった。徳川歴世の恩によるものである。そこで譜代家が会して徳川公を迎えて懐旧の恩を尋ねる会を年々開催することにした」と見えている。協議の結果、榊原政敬が筆頭幹事に推挙された。

第一回の会合は、同二十一年二月、上野公園の華族会館で開催された。当日参集した人々は、総勢八六名に上った。幕末には親藩、譜代あわせて一四〇余家があったと言われるが、その三分の二に当たる諸家が出席したことになる。譜代家会の集いは専ら懇親の会であることを対外的に知らせ、当日は宴会に先だって手品が演じられるなど運営において工夫が凝らされた。本会は、英照皇太后の喪中で中止されることもあったが、「紀元二千六百年祭」が開かれた昭和十五年まで続けられたという。この間、政敬は、昭和初年まで会の世話役をしてきた。

写真中、慶喜公の左隣は弟の徳川昭武公、和服の家達公（徳川宗家）の右後ろに榊原政敬、植え込みの前、左膝を立てて前方を見ているのが榊原政和である。

徳川譜代家会写真
（東京都杉並区・榊原家蔵）

あとがき

高田藩最後の藩主は、榊原政敬であった。榊原家は徳川四天王と称される家柄であり、幕末の混乱した政情の中、高田藩主は、将軍の先手を務める家柄として上洛の御供や出陣を務めた。時代は大きく変わり、将軍徳川慶喜は、政権地位を失い朝敵へと追いやられてしまった。政敬は事態の打開策とし、朝廷に対しては、徳川家の処遇の穏便な計らいを訴え、徳川慶喜に対しては朝廷に謝罪するよう諫めるという「哀訴《あいそ》諫諍《かんそう》」を藩是とした。この礼節と情けを重ずる高田藩の立場は、朝廷側にとって不審藩として見られ、高田藩を苦しめた。

明治四年、廃藩置県の詔が発せられ、榊原政敬は知藩事の職が解かれ高田を離れる事になった。高田を離れるに当たって支族の榊原家に『中庸』の言葉「至誠無熄（至誠には休息がなく、その働きは永遠であり、至大のものである）と記した扇面を贈り別れを告げたという。「至誠はやむことなし」に込めたれた感懐の背景に、不審藩と見られようが藩是に誤りがなかったとの自負があったものと思われる。

廃藩置県によってより所を失った、庄田直道は藩祖榊原康政を祭神とし

榊原政敬筆「至誠やまず」（扇面仕立て）
（法顕寺蔵）

た神社建設を『礼記』に記されている「報本反始」（根本の恩に感謝し、その功を讃える）の理念で説いた。これが藩士に支持され、神社の名は「榊神社」とし主務官庁に創設の認可を得て明治九年に造営された。社殿には、榊原家から受けた藩祖の鎧と短刀を奉ぜられ遷座式が厳かに執り行われた。

神社に納められた藩祖の鎧は、「茶糸素懸威黒塗桶側五枚胴具足」と言われ、全体が黒漆で仕上げられ、前胴には、銀の延板に打ち抜いた篆書体の「無」の一文が嵌め込まれている。

康政の求めた「無」の理念であるが、無とは一切の現象を否定するものであるが、単なる虚無、あるいは空を意味するのではなく、己の分限をわきまえ、我執を超越し、自然のままに生きることを求めてきたように思われてならない。なお、榊原軍団の旗印は、同じく「無」の字を配したものが使われた。それは、生死を賭けた戦場での在りようにも思われる。

ともあれ、当地には、義に生き大義に殉ずることを旨とした上杉謙信の心意気の精神は、時代を越え、藩が変わろうとも、脈々受け継がれてきたといっても過言ではなかろう。

社宝　榊原康政の具足

参考文献

高田市教育委員会編『高田市史』(高田市教育委員会、大正三年)
高田市編『高田市史 第一巻』(高田市、昭和三十三年)
白銀賢瑞『直江津町史』(直江津町、昭和二十九年)
上越市編『上越市史―通史編3 近世一』(上越市、平成十五年)
上越市編『上越市史―通史編4 近世二』(上越市、平成十六年)
上越市編『上越市―普及判』(上越市、平成三年)
中沢肇『直江津の昔と今』(柿村書店、昭和四十二年)
中村辛一・劔持利夫『越佐歴史散歩』(野島出版、昭和四十三年)
稲荷弘信『高田風土記』(昭和四十五年)
池田嘉一・渡辺慶一『じょうえつ市の郷土史散歩〈一・二〉』北越出版、昭和五十一年)
渡辺慶一『わが町の歴史―上越―』(文一総合出版、昭和五十七年)
久保田好郎『歴史がつくった景観 久比岐風土記』(文美堂書店、平成元年)
村山和夫『高田摘誌―源氏車の栄光―』(北越出版、平成十三年)

協力者

上越市立総合博物館(上越市本城町)
上越市立高田図書館(上越市本城町)
上越市総務課公文書館準備室(上越市木田新田一)
上越市観光振興課(上越市本町五・街なかサテライト)
上越市観光企画課(上越市役所)
上越市歴史・景観まちづくり推進室(上越市役所)
榊原政信(財団法人旧高田藩和親会顧問)
滝見直(財団法人旧高田藩和親会理事長)
松永靖夫(元上越市史専門委員会近世部会長)
清水萬蔵(元上越市史編さん専門委員)
高橋孫左衛門(上越市南本町三)
法顕寺(上越市大町三)
天崇寺(上越市寺町二)
榊神社(上越市大手町)
風巻神社(上越市三和区岡田)

村山和夫（むらやま・かずお）
昭和四（一九二九）年新潟県上越市（高田）生まれ。県内公立学校、教育行政職を経て、上越市史編纂委員、同専門委員を務め、「上越市史」および近隣の町村の「町村史」編纂に従事。著書に『高田摘誌―源氏車の栄光』『榊原政令公時代』他。
編著に『上越の一〇〇年』（上越市）、『時代拓いて―越佐新聞略史』（新潟日報社）、『上越ふるさと大百科』（郷土出版社）他。

シリーズ藩物語 **高田藩**

二〇〇八年三月三十一日 第一版第一刷発行

著者――村山和夫
発行所――株式会社 現代書館
東京都千代田区飯田橋三―二―五 郵便番号 102―0072
電話 03―3221―1321 FAX 03―3262―5906 振替 00120―3―83725
発行者――菊地泰博
組版――エディマン
装丁――中山銀士＋杉山健慈
印刷――平河工業社（本文）東光印刷所（カバー、表紙、見返し、帯）
製本――越後堂製本
編集協力――原島康晴
校正協力――岩田純子

江戸末期の各藩

松前、八戸、七戸、黒石、弘前、**盛岡**、**一関**、秋田、亀田、本荘、秋田新田、仙台、松山、**新庄**、庄内、天童、長瀞、**山形**、上山、**米沢**、米沢新田、相馬、福島、二本松、三春、**会津**、守山、棚倉、平、湯長谷、泉、**村上**、黒川、三日市、新発田、村松、三根山、与板、**長岡**、椎谷、**高田**、糸魚川、松岡、笠間、宍戸、水戸、下館、結城、古河、下妻、府中、土浦、麻生、谷田部、牛久、大田原、黒羽、烏山、高徳、喜連川、宇都宮、壬生、吹上、足利、佐野、関宿、高岡、佐倉、小見川、多古、一宮、生実、鶴牧、久留里、大多喜、請西、飯野、佐貫、勝山、館山、岩槻、忍、岡部、川越、沼田、前橋、伊勢崎、館林、高崎、吉井、小幡、安中、七日市、飯山、須坂、松代、上田、**小諸**、岩村田、田野口、**松本**、諏訪、**高遠**、飯田、金沢、荻野山中、小田原、沼津、小島、田中、掛川、相良、横須賀、浜松、富山、加賀、大聖寺、郡上、高富、苗木、岩村、加納、大垣、高須、今尾、犬山、挙母、岡崎、西大平、西尾、吉田、田原、大垣新田、尾張、刈谷、西端、長島、桑名、神戸、菰野、亀山、津、久居、鳥羽、宮川、彦根、大溝、山上、西大路、三上、膳所、水口、丸岡、勝山、大野、福井、鯖江、敦賀、小浜、淀、新宮、田辺、紀州、峯山、宮津、田辺、綾部、山家、園部、亀山、福知山、柳生、柳本、芝村、郡山、小泉、櫛羅、高取、高槻、麻田、丹南、狭山、岸和田、伯太、豊岡、出石、柏原、篠山、尼崎、三田、三草、明石、小野、姫路、林田、安志、龍野、山崎、三日月、赤穂、鳥取、若桜、鹿野、津山、勝山、新見、岡山、庭瀬、足守、岡田、岡山新田、浅尾、松山、鴨方、福山、広島、広島新田、高松、丸亀、多度津、西条、小松、今治、松山、新谷、大洲、吉田、宇和島、徳島、土佐、土佐新田、松江、広瀬、母里、浜田、津和野、岩国、徳山、長州、長府、清末、小倉、小倉新田、福岡、秋月、久留米、柳河、三池、蓮池、唐津、佐賀、小城、鹿島、大村、島原、平戸、平戸新田、中津、杵築、日出、府内、臼杵、佐伯、森、岡、熊本、熊本新田、宇土、人吉、延岡、高鍋、佐土原、飫肥、薩摩、対馬、五島

★太字は既刊

江戸末期の各藩

（数字は万石。万石以下は四捨五入）